아디야샨티의
가장
중요한
것

아디야샨티의

가장
중요한
것

삶의 가장 깊은 중심에 두어야 할
단 하나의 진실

the most important thing

아디야샨티 지음
Adyashanti
이창엽 옮김

불광출판사

차례

감사의 말

몇 년 전 나는 사운즈트루Sounds True 출판사의 설립자 타미 시몬 Tami Simon과, 내가 최근 몇 해 동안 사운즈트루에서 한 기획들에 깊이 관여했던 편집자이자 프로듀서인 미첼 클루트Mitchell Clute 와 함께 우리 집 식탁에 둘러 앉아 있었다. 거기서 언젠가 집에 작은 녹음실을 마련해서 영감이 떠오를 때마다 얼른 들어가서 가르침을 녹음할 수 있으면 좋겠다는 내 꿈을 그들에게 말했다. 그런데 놀랍게도 타미가 "아디야, 그럼 그렇게 해요. 집의 어디에 설치하는 게 좋겠어요?"라고 말했다. 나는 갑작스런 제안에 놀랐지만, 정신을 차린 후 잠시 생각하고 나서 계단 아래 작은 벽장 공간이 적당할 것 같다고 말했다. 그 다음 타미는 "저희 출판사와 함께 다음에는 뭘 하고 싶으신가요?"라고 물었다.

우리는 잠시 자유롭게 이런저런 생각을 나눈 후에, 일상생활에서 평범한 순간들마다 일어나는 은총에 대한 이야기를 연이어 기록해보자는 아이디어에 이르렀다. 그 프로그램에 '은총의 순간Moments of Grace'이라는 이름을 붙였는데, 처음부터 그 기획은 은총의 향기가 나는 듯했다. 타미의 우정과 관대함, 그리고 그녀가 지속적으로 권유하고 격려하는 가운데 나는 영감을 받은 가르침들을 모두 사운즈트루 출판사에서 출간할 수 있었다. 이에 대해 타미에게 아무리 감사해도 충분하지 못할 것이다. 타미, 당신은 진정한 도반일 뿐 아니라 내 인생의 큰 은총입니다. 또 미첼 클루트에게도 깊이 머리 숙여 감사한다. 그는 이 책뿐 아니라 내가 사운드트루와 함께 했던 모든 기획이 결실을 맺도록 성실하게 안내해주었다. 가슴 깊이 감사드립니다.

앨리스 펙Alice Peck에게도 깊이 감사해야 한다. 그녀는 즉흥적이고 두서없는 내 생각들을 사람들이 이해할 수 있는 원고로 편집하고 다듬는 힘겨운 일을 했다. 앨리스, 당신은 대단한 일을 했고, 매우 주의 깊게 헌신적으로 그 일을 해주었습니다. 진심으로 대단히 깊은 감사를 드립니다.

그리고 제니퍼 마일스Jennifer Miles에게도 깊이 머리 숙여 감사드린다. 그녀는 책 표지 디자인을 멋지게 해주었다. 제니퍼, 그렇게 아름다운 작품을 어떻게 거듭해서 끌어내는지 나로서는 도저히 알 수 없습니다. 부디 당신의 창조성의 샘물이 마르지 않고 영원히 흐르기를 기원합니다.

마지막으로 애런 아놀드Aron Arnold에게 진심으로 감사하고 싶다. 사운즈트루 출판사의 스튜디오 매니저인 그는 내 집 계단통 아래의 작은 벽장을 훌륭한 녹음실로 만들어주었다. 당신이 나의 작은 꿈을 현실로 만들어주었으니, 앞으로도 여러 해 동안 가르침을 녹음하는 일이 잘 되기를 바랍니다.

아디야샨티
2018년, 캘리포니아 로스 가토스Los Gatos에서

들어가는 말

우리의 내면의 삶은 마치 무한하고 광대한 우주처럼
어느 모로 보나 놀랍고, 불가해하고, 신비롭다.

인지 능력을 가진 인간은 수많은 별들 가운데 이 작고 푸른 행성 지구에서 살아오는 동안 계속 이야기를 해왔다. 아주 먼 옛날 우리의 선조들이 달밤에 모닥불 주위에 둘러 앉아 그날 있었던 일이나 그 해에 있었던 일, 혹은 먼 친척들의 일을 회상하면서 '이야기하기'는 시작되었다. 그리고 이제 선조들이 상상조차 못했을 정도로 기술이 발달했지만, 우리는 여전히 매일 서로에게 이야기를 하고, 자기 마음속으로도 이야기를 하며, 아마도 거의 매 순간 이야기를 할 것이다. 우리 삶은 순간마다 창조되는 이야기이고, 매일 새로운 장이 쓰이는 끝없는 소설이다. 그리고 주의 깊게 보면 그런 이야기들에는 은총의 순간이 있으며, 그 순간에 지혜, 사랑, 이해가 선물로 주어진다는 걸 알아차리게 된다. 그런 이야기들은 우리에게 깨달음을 주고 삶을 더 낫게 변화시킬 수 있다.

2017년 나는 '은총의 순간'이라는 사운즈트루 출판사의 주간 시리즈를 녹음하기 시작했다. 이를 통해 내 삶에서 얻은 지혜의 이야기들을 사람들에게 전하고자 했다. 약간의 통찰이나 사랑에 대한 더 나은 이해를 선사받은 이야기들을 녹음할 때, 나는 하나의 주제가 떠오르는 걸 알아차렸다. 내가 말한 이야기는 모두 내게 '가장 중요한 것'을 알아차릴 수 있도록 관심을 기울이는 일이 반드시 필요하다는 것을 이런저런 방식으로 보여주었다. 내 삶에 의미를 주는 모든 이야기는 삶에서 진실로 중요한 것을 식별할 수 있는 능력이 매우 중요하다는 걸 거듭해서 보여주었다. 모든 이야기는 내가 경험한 모든 상황에서 가장 중요한 것을 알아보는 능력을 길러주는 것 같았다. 내 삶에서 일어난 이런 인상 깊은 이야기들을 다시 말하면서, 나는 의도와 은총의 역설적인 힘을 다시 경험하고 성찰했다.

그렇게 몇 주가 지나자 마침내 나는 나의 성격과 삶을 형성한 과거의 이야기들을 회상해내는 데 내 기억력을 한계까지 발휘하고 있었다. 사실 나는 과거에서 사는 일이 거의 없었다. 그런데 '은총의 순간' 시리즈를 녹음하면서 내 인생의 뜻깊은 이야기들을 다시 경험하고 그 영향을 되돌아볼 기회를 가지게 된 것이다. 그리고 이는 명쾌함을 주는 멋진 경험이었다. 그 기획이 진행됨에 따라 그 사연들 속에서 내가 얻었던 지혜와 사랑에 대해 명확히 밝히고, 사람들의 내면에서 그런 지혜와 사랑의 샘을 찾을 수 있는 길을 모색하는 방향으로 더 살펴보기 시작했다.

우리 모두의 삶은 보다 깊은 지혜와 사랑을 얻는 데 필요한 모든 것을 제공한다. 그러기 위해서는 마음이 만들어내는 부정적이고 혼란스러운 견해에 사로잡히지 않는 법을 배울 수 있어야 하고, 직접 경험한 것으로부터 유용하고 깨달음을 주는 지식을 이끌어낼 수 있어야 한다. 이때 순간순간 존재의 경험을 주의 깊게 제대로 알아차려야 하며, 또한 지극히 정직하고 진실해야 한다. 나는 순간순간 존재의 경험을 완전히 책임져야만, 내가 관계 맺고 있는 사람들과 유대감을 느끼고 주체 의식을 견지할 수 있음을 알 게 되었다. 우리 내면에서 통찰과 이해의 새로운 전망이 자연스럽 게 열릴 때, 은총의 경험은 (그것이 직접 일으키지는 않는다 해도) 우리가 삶에서 의도한 것과 밀접하게 관련되는 것 같다. 그런 의도와 은 총의 역설은 이 책에 실린 이야기들과 가르침들뿐만 아니라 우리 의 삶이 펼쳐질 때마다 구체적으로 나타난다.

우리 내면의 삶은 어느 모로 보나 무한히 광대한 우주처럼 놀랍고 불가해하고 신비롭다. 왜냐하면 우리는 의식이 있는 존 재의 개별적 표현이며, 우리가 우주 속에 있는 만큼 우리의 내면 에 광대한 우주를 담고 있기 때문이다. 자신의 내면을 들여다보 고 "너 자신을 알라."는 매우 오래된 요청에 응답하는 것은 아마도 모든 사람에게 가장 위대하고 낯선 모험일 것이다. 그것은 우리가 존재의 진리로 깨어나고 개인으로서, 또 인류 전체로서 생각할 수 있는 가장 발전된 삶을 살기 위한 열쇠이다. 부디 독자들이 이 책을 재미있게 읽고 희망을 가지게 될 뿐만 아니라 존재의 즉각적인 체험 속으로 깊이 몰두하는 계기를 맞이하기 바란다. 그러면 여러분은 '가장 중요한 것'에 주목함으로써 직접 은총을 경험하게 될 것이다.

가장 중요한 것은 무엇인가

아무리 현명한 영적 스승도, 아무리 심오한 가르침도,
'당신에게 중요한 것'을 대신 발견할 수는 없다.

●   당신에게 가장 중요한 것은 무엇인가? 가장 중요한 열 가지나 다섯 가지, 혹은 가장 중요한 세 가지나 두 가지 말고 가장 중요한 단 하나는 무엇인가? 깨어남awakening? 사랑? 평화? 그밖에 다른 것들을 계속 말할 수 있겠지만, 당신의 영적 삶에 대해, 그리고 의미를 발견하기 위해 깊이 몰두하는 당신의 일부에 대해 생각해보라. 여기서 '의미'라는 말은 삶의 의미를 가리키는 게 아니다. 그건 결국 이론으로 끝날 뿐이다. '의미'라는 말은 생명력, 생기, 영감, 평온, 기쁨을 주는 것을 가리킨다.

나는 '가장 중요한 것'이라는 개념에 대해 여러 관점에서 고찰해보면서 회사 중역, 운동선수, 음악가, 작가, 예술가, 그리고 다른 여러 분야의 뛰어난 사람들과 이야기를 나눠보았다. 내가 기억하는 한 나는 일을 잘하는 사람들에게 관심이 있었다. 그런 사람들은 대체로 가장 중요한 것을 분명히 밝히고, 그것을 이루기 위해 역량을 집중하는 능력을 가지고 있었다. 생각해보면 워렌 버핏, 마일스 데이비스, 미켈란젤로, 혹은 붓다와 예수를 비롯한 영적 인물들처럼 드물게 탁월한 성취를 한 사람들은 자신의 삶에서 가장 중요한 것에 대한 방향 감각과 진실된 생각을 가지고 있었다.

붓다에게 가장 중요한 것은 병과 늙음, 죽음의 괴로움이 따른다는 인간의 조건을 알아차리는 것이었다. 그는 이렇게 물었다.

"사람들을 위해 이 막대한 괴로움의 문제를 해결할 길이 있는가?" 그는 이 물음의 답을 구하는 데 평생을 바쳤다. 붓다는 아내와 자녀, 사회적 지위를 모두 버리고 떠나서 은둔 성자sadhu, 즉 고행자가 되었다. 우리 대부분은 그렇게 하지 못하지만 그래도 괜찮다. 왜냐하면 다른 사람이 한 일을 따라 하는 것은 우리의 잘못 중 하나이기 때문이다. 우리는 "붓다가 모든 걸 버리고 떠났다면, 나도 모든 걸 버리고 떠나야 한다."고 말해선 안 된다. 금욕보다 더 중요한 것은 붓다가 집중한 것, 그가 '자신에게 가장 중요한 것'을 발견했다고 생각한 것이다. 붓다가 자신의 의문을 깊이 생각하고 이를 밝히기 위해 모든 것을 버린 행동 그 자체는 중요하지 않다. 중요한 건 그 물음에 대한 붓다의 반응이다. 내가 보기에 예수에게 가장 중요한 것은 모든 것 중에서 신을 가장 중시하는 태도였을 것이다.

무엇이 당신에게 가장 중요한지 발견할 때 일어나는 명쾌함이 있다. 나는 사람들에게 말할 때, 특히 가르치고 있을 때 종종 이렇게 묻는다. "그래서 당신의 영적 생활은 무엇을 위한 건가요? 어디에 초점을 맞추고 있나요? 무엇을 원하나요?" 사람들이 "깨달음이요."라고 대답하면 나는 또 이렇게 묻는다. "그게 당신에게 무슨 의미입니까? 당신이 추구하는 깨달음이란 무엇인가요?" 그리고 설명한다. "나는 깨달음을 사라고 권유하는 게 아닙니다. 마치 세일즈맨이 약속하듯 당신이 깨달으면 얻게 되는 것을 말하는 게 아닙니다." 깨달음을 사도록 권유하는 사람은 당신이 깨달음을 얻으면 불행과 괴로움이 중단되고, 영원한 지복을 얻으며 친절하고 인자한 삶을 살게 되고, 모든 사람이 당신을 사랑하고 인정해 주게 된다고 약속할지 모른다. 하지만 그런 것들은 깨달음과 아무 관계가 없다.

나는 사람들에게 그들이 구입한 것이 아니라 그들이 원하는 것을 말해 달라고 청한다. 사람들이 '자신이 추구하는 가장 중요한 것'에 대해 생각한다는 것은 무슨 의미인가? 나의 전문 분야는 영성이지만, 이 물음은 인간관계, 예술, 스포츠, 놀이 등 삶의 어느 분야에든 적용할 수 있다. 하지만 우리는 그렇게 질문하는 법을 거의 배우지 못했고, 그 대신 문화, 가족, 친구가 삶에서 가장 중요하다고 이야기하는 것들을 깊은 생각 없이 받아들인다.

하지만 그런 질문을 하지 않으면, 우리는 몰두하도록 조건화된 것에 삶을 몰두하게 되고, 결국 어느 날 "내가 몰두했던 건 내게 별로 중요한 게 아니었어."라고 깨닫는다. 사람들이 중년을 맞으면 삶의 방향을 다시 모색하게 되는 건 중년은 충분히 일했고 충분히 이룬 시기이거나, 오랫동안 다람쥐 쳇바퀴 돌 듯 살아서 삶이 만족스러운지 아닌지 회의하기 시작하는 시기이기 때문이다. "이제 충분한가?" 그때 우리는 다시 살펴보고 묻기 시작한다.

"그게 내가 원하는 건가? 내게 가장 중요한 건 무엇인가?"

사람들에게 "당신의 영적 생활은 무엇을 위한 건가요?"라고 물어보면, 그것을 확실히 밝히기 위해 시간을 들이거나 정신 수양을 한 사람이 거의 없다는 걸 알고 깜짝 놀랄 것이다. 사람들은 계속 책을 읽고, 이 스승 저 스승에게 배우며, 몇 년씩 명상을 비롯한 다른 영적 수행을 하지만, "저게 아주 좋아보이는 걸. 저걸 해야겠어."라고 생각하면서 다른 사람이 규정한 것을 좇을 뿐이다. 그들은 오직 자신에게만 해당되는 유일한 방향을 발견한 게 아니다. 아무도 그것을 줄 수 없다. 어떤 현명한 영적 스승도, 어떤 심오한 가르침도, 당신에게 중요한 것을 대신 발견할 수 없다.

자신에게 가장 중요한 것이 뭐냐고 질문하면, 사람들은 마치 그 질문의 답이 무엇이었는지 기억을 더듬는 것처럼 이리저리 눈을 굴린다. 하지만 자기에게 가장 중요한 것이 무엇인지 알고 있다면 즉각 대답할 것이다. 새삼 생각할 필요 없이 그것이 항상 마음속에 있기 때문이다. 그런 사람들은 자신이 무엇을 하는지 알고 있고, 그것을 왜 하는지도 안다. 그들은 가장 중요한 것을 알고 있기 때문이다.

내가 지향하는 삶에 대한 생각을 되짚어보고 영감과 열정의 근원을 되돌아보고 숙고하면, 그것이 '당시에' 내게 중요했던 것이 밝혀지는 과정이었음을 알게 된다. 우리에게는 삶의 단계가 있고, 그 단계마다 중요한 것이 다르다. 전 인생에서 언제나 중요하게 유지되는 부분이 있는데, 어떤 부분은 그것이 실현되고 나면 우리가 다음 단계로 옮겨가도록 이끌어준다. 우리는 이런 개념을 어느 순간에든 적용할 수 있고, "바로 지금 무엇이 가장 중요한가?"를 물을 수 있다. 그 답은 머릿속에서 나오는 것이 아니고 가슴에서 나오는 것도 아니며, 뱃속 깊은 곳으로부터 나온다. '가장 중요한 것은 무엇인가?'

내가 뛰어나게 잘했던 것들을 돌아보았다. 어렸을 때는 난독증이 있어서 1학년 때는 책을 읽는 게 고역이었다. 그래서 결심했다. 당시 내가 발견한 가장 중요한 것은 다른 사람들처럼 읽을 수 있는 법을 배우는 것이었다. 부모님은 내게 개인 교사를 붙여주었고, 나는 배우고 또 배우며 몰두했다. 1년이 채 안 되어 나는 기대했던 수준으로 책을 읽을 수 있었고, 결국 고등학생이 되었을 때는 대학생 수준의 책을 읽을 수 있게 되었다. 그럴 수 있었던 것은 내게 가장 중요한 것을 발견했고, 그것이 중요하다는 걸 알았을 뿐만 아니라 행동으로 그것을 뒷받침했기 때문이다. 행동이 바로 이 과정의 둘째 부분이다. 가장 중요한 것을 단지 생각하고 바라기만 하는 것이 아니라 그것을 위해 구체적인 행동을 하는 것이다.

나는 다양한 운동을 했다. 열여덟 살 때는 자전거를 상당히 잘 탔고 한동안 내게 가장 중요한 일이었다. 그래서 가장 깊은 곳에서부터 역량을 끌어올려 분발했다. 나는 자전거 타는 데 몰두했고 자전거를 잘 타기 위해서라면 무엇이든 했다. 동기가 부족할리 없었고, 훈련하고 싶은 마음이 부족하지도 않았다. 당시 나는일주일에 500~650킬로미터씩 자전거를 탔다. 바람이 많이 불고사나운 날씨에도 쏟아지는 빗줄기 속에서 자전거를 달렸고, 네다섯 시간을 쉼 없이 타기도 했다. 스스로 동기를 부여하기 위해 경쟁자들 중 80~90퍼센트가 자전거를 타고 있지 않다는 걸 생각했다. 한 시간쯤 실내 자전거를 탈지도 모르지만, 그들 대부분은 폭풍 속에서 자전거를 타지는 않을 것이다. 그런데 나는 그렇게 한것 아닌가. 나는 그것을 동기로 삼았다. 그리고 내 욕구를 내게 가장 중요한 것에 집중하면서 몰두했기 때문에 자전거를 뛰어나게잘 타게 되었다.

일생 동안 내가 뛰어나게 잘했던 것들은 모두 그것이 내게가장 중요한 것이었기 때문이다. 나는 왜 내가 거기 있는지, 내가무엇을 하고 있는지, 무엇이 나를 분발하게 하는지, 내가 무엇을찾고 있는지 알고 있었다. 매 순간 가장 중요한 것이 무엇인지 알았던 것이다. 영성에 대해 말하자면, 나는 영적인 삶이 어떠해야한다는 편견들, 즉 다른 사람들이 그에 대해 규정하는 것을 끊어내고, 진정으로 내게 속한 것으로 돌아와야 한다는 것을 알게 되었다. 깨달음을 장사꾼처럼 파는 말들을 피했고, 영성에 관련되었다고 여기는 많은 것들을 성취하려고 하지 않았다. 나는 진리를, 존재의 가장 깊고 가장 근본적인 진리를 알고 싶었고 삶에 긍정적으로 기여하고 싶었다. "진리라는 것이 무엇인가? 깨달음이란 무엇인가?" 그것이 나의 질문이었고, 내 머리를 떠나지 않고 나를 분발하게 하는 힘이었다. 내가 기억하는 한, 진리에 대한 욕구는 여러 가지 방식으로 늘 나와 함께 있었다.

여러분은 어떤가? 여러분의 삶에서 가장 중요한 건 무엇인가? 머릿속에 맨 처음 떠오른 생각이 그것이라고 여기지 않는 게 좋다. 정말 진지하게 탐색하고 심각하게 숙고해야 자기에게 가장 중요한 것을 발견할 수 있을 것이다. 그런 노력을 기울일 가치가 있고, 이를 적용하면 인생의 어떤 분야에서든 전환점이 될 수 있다. 잘 살펴보고, 정신 수양을 하고, 남들에게서 배운 쉽고 빠른 해답에 안주하지 않을 때, 아무도 줄 수 없고 오직 자신에게만 속한 것을 찾게 될 것이다. 여러분이 내 생각에 따라 자기에게 가장 중요한 것이어야만 한다고 믿는 걸 말해 달라는 게 아니다. 왜냐하면 어떤 사람에게 가장 중요한 것을 밝혀주는 건 내가 할 일이 아니기 때문이다. 각자가 자신에게 가장 중요한 것을 확실히 밝혀내야 한다. 그리고 그러기 위해서 여러분은 수양해야 한다. 이때의 '수양'이라는 말은 그것의 진정한 의미를 얻기 위해 충분히 생각해야 하고, 며칠이든 몇 달이든 그것에 대해 명상해야 할 수도 있다는 뜻이다.

　가장 중요한 것을 확실히 밝히는 것이야말로 내가 영적 교사로서 해야 하는 가장 중요한 일이라는 것을 알고 있다. 그것이 첫 단계이기 때문이다. 그러기 전에는 여러분의 삶은 여러분에게 속하지 않는다.

좋은 질문의 힘

기꺼이 자신의 기질을 거슬러야만 하고,
합의된 현실을 거슬러야만 한다.

● 　　　　　19세기 프랑스 작가 피에르 마크 가스통 드 레비 Pierre-Marc-Gaston de Lévis가 말한 멋진 구절을 우연히 만났다. "그의 대답보다 질문을 보면 그의 마음을 더 쉽게 판단할 수 있다." 사실 나는 이런 식의 사고를 좋아한다. 우리가 사물을 보는 방식을 뒤집기 때문이다. 우리는 내가 '합의된 현실consensus reality'이라고 부르는 것, 즉 대다수 사람들이 동의하는 것에 적응되어 있다. 그런데 가장 중요한 것을 발견하기 위해서는 다른 사람들의 생각이나 믿음, 의견을 받아들이지 않아야 한다. 대다수 사람들이 살아가는 방식이 항상 심오함이나 기쁨, 영감, 평화를 이루는 건 아니기 때문이다.

그렇기 때문에 우리가 묻는 질문이 대단히 중요하다. "나의 영적 생활에서 무엇이 가장 중요한가? 나의 전체 영적 생활은 무엇을 지향하고 있는가?" 이 질문을 인간관계에도 적용할 수 있다. "나의 우정 혹은 사랑은 무엇을 위한 것인가? 그 사람의 무엇이 내게 가장 중요한가?" 혹은 자기가 하는 일을 조사할 수도 있다. "내가 생계를 꾸려가는 데서 무엇이 가장 중요한가?" 이런 질문으로 자신의 내면 깊은 곳을 평가하는 것이 항상 쉽고 편안한 과정은 아니다. 기꺼이 자신의 기질을 거슬러야만 하고, 합의된 현실을 거슬러야만 하고, 모든 사람이 옳은 대답이라고 여기는 것을 거슬러야만 한다.

레비가 말한 것처럼 대답은 질문만큼 중요하지 않다. 하지만 우리는 대답에 의해 조건화된다. 우리는 학교에서 시험을 볼 때 배운 것이 똑같이 되풀이되는 정답을 알아맞히려고 한다. 모두 그러기를 기대했고, 그 과정이 배움의 일부였다. 적어도 내 생각에는, 그러한 과정이 교육에서 너무 큰 부분을 차지한다는 건 불행한 일이다. 자신의 답을 찾기보다는 다른 사람들의 답으로 자신을 채우라고 배우기 때문이다. 그 이유 중 일부는 실제적인 필요에 있다. 어떤 답을 외우면 읽고 계산하고 과학을 이해하는 법을 배우는 데 도움이 된다. 하지만 삶에 대해서라면, 행복감과 평안함과 사랑에 대해서라면, 우리의 귀중하고 짧은 삶에 기여하는 것에 대해서라면, 다른 사람들의 답을 되풀이하는 것은 다음과 같은 중요한 물음에 답하는 데 아무런 도움이 되지 못한다. "당신은 무엇에 기여하고 싶은가? 당신은 무엇에 기여하고 있는가? 당신에게는 무엇이 중요한가?"

나는 심오하고 차원 높은 질문을 하는 걸 아주 좋아하는데, 그런 질문 과정을 '탐구'라고 부른다. 질문하는 건 안전하지 않지만 대답하는 건 안전하다. 다른 사람의 답을 받아들이는 건 안전하고, 이데올로기는 안전하고, 신학은 안전하다. 우리가 '바른' 답을 추구하는 이유는, 그것이 우리를 편안하게 해주고 보호해주고 괴로움을 차단해줄 것이라고 생각하기 때문이다. 우리는 기분 좋게 해주는 첫 번째 것을 붙잡지만 진실은 기분 좋은 것일 수도 있고, 기분 좋지 않을 수도 있다. 어떤 진실은 아름답지만 어떤 진실은 충격적이기 때문이다. 하지만 어떤 진실이든 발견하면 커다란 활기가 함께 일어난다. 진실한 것은 생명력과 에너지, 힘으로 충만하기 때문이다.

때때로 우리는 어떤 사람에 대해 알고 싶을 때면 답을 요청한다. "당신은 직업이 뭐지요? 놀고 싶을 때 무엇을 하나요? 어떤 영화를 좋아하세요? 어떤 책을 좋아하나요?" 우리는 그런 걸 알고 싶어 하고, 또 이런 식의 질문은 사람들끼리 나누는 대화의 한 부분이므로 괜찮다. 하지만 어떤 이에게 직업이나 사는 곳을 묻기보다는 삶에서 가장 중요한 문제가 무엇인지를 물으면 그 사람에 대해 훨씬 더 잘 알 수 있다.

영감을 받는 삶과 의미가 있는 삶을 원한다면, 우리의 질문은 힘을 가진다. 여기서 나는 "이게 내 인생의 의미야."라고 말하는 것처럼 관습적인 뜻으로 '의미'라는 말을 사용한 게 아니고, 또 "2 더하기 2는 4이다."처럼 실용적인 뜻으로 말한 것도 아니다. 그보다는 '의미'라는 말의 생생한 뜻, 즉 대단히 생기 있고 여기 현존하는 경험으로 말한 것이다. 어떤 정의가 아니라 경험이기 때문에 도저히 말로 표현할 수는 없지만 심오한 뜻이 있다.

질문은 우리를 그 경험에 더 가까이 데려간다. 그런데 질문은 역설적일 때가 많다. 처음 질문을 할 때 바로 나오는 대답은 조건화된 반응이기 때문이다. 반면 이 질문들을 깊이 천착하는 것, 자신의 내면을 깊이 살펴보는 것이 바로 영적 수행이다. "가장 중요한 것은 무엇인가?" 우리 내면에 너무나 많은 대답이 있는 건, 어떤 면에서 그 대답들이 우리를 편안하고 안전하다고 느끼게 해 주었기 때문이다. 하지만 그 대가로 우리는 존재하기, 살기, 심지어 행동하기에 있는 풍부한 경험을 잃었다. 통찰력 있는 질문을 하지 않으면, 우리는 자동 조종 장치에 따라 움직이듯이 살게 되고 조건화된 대로만 살게 된다. 그런 식의 반응은 대개 문화와 사회, 가족과 친구들, 우리가 받은 교육, 거의 모든 사람이 자기도 모르게 빠지는 '합의된 현실'에 의해 우리에게 각인되었다. 어느 분야에서든 뛰어나고 높은 성취를 이룬 사람들은 '합의된 현실'에 대해 질문하는 경향이 있다. 붓다나 예수 그리고 많은 영적인 인물들이 특히 그렇다. 그들은 위안을 주는 신앙 체계에 안주하지 않고, 권위자들이 세계가 그렇게 돌아간다고, 그것이 진리라고 말했다고 해서 그대로 순응하지 않는다. 그들은 자신의 내면에서 그 문제들을 탐색한다.

위대한 신화학자 조셉 캠벨Joseph Campbell은 칼 융Carl Jung의 말을 조금 바꾸어서, 종교가 여기 있는 까닭은 진실로 종교적인 경험에서 우리를 보호하기 위해서라고 말했다. 종교는 어떻게 그렇게 하는가? 모든 것이 신학이나 신앙 체계의 이데올로기 안에 있다고 말함으로써 그렇게 한다. 그러면 우리는 "예, 좋은 생각이네요. 지금 있는 현실이 그렇다는 걸 믿을게요."라고 대답하는데, 그렇게 되면 우리는 진실한 계시에서 단절된다. 우리의 내면에서 계시가 일어나는 곳은 미지未知이기 때문이다. 하지만 종교의 교리는 우리 내면의 미지를 '아는 것'으로 채운다. 종교가 우리를 가득 채우면 우리는 새로운 이데올로기를 지니고 다니는 것이다. 그러면 의미 있는 종교적·영적 경험을 할 수 없다. 그렇다고 해서 종교인들이 종교적·영적 경험을 하지 못한다는 뜻은 아니다. 그들은 신앙 때문이 아니라 신앙에도 '불구하고' 종교적·영적 경험을 하는 것이다. 신앙 체계를 가지고 있지만 끊임없이 교리 너머로, 단순한 관념 너머로 손을 내밀기 때문이다.

어떤 신앙인지는 상관없다. 유신론이든 무신론이든, 이원론이든 비이원론이든 마찬가지다. 우리의 눈을 가리는 것, 우리가 그 뒤로 숨는 것, 그리고 혼란과 의심을 직면하고 의식 속으로 깊이 뛰어든다는 큰 불안으로부터 자신을 방어하는 데 사용하는 것이 바로 우리가 하는 대답이다.

밖에서 주어진 대답을 받아들이지 않는 법을 안다 해도, 우리가 하는 질문 역시 조건화될 수 있다. 때로는 유용한 질문이 위험한 질문이 된다. '합의된 현실'을 위협하는 것 같기 때문이다. 올

바른 질문은 우리의 세계관을 뒤흔든다. 그런 질문을 할 때면 규정한 방식이 우리를 한정했을 뿐, 그것은 우리가 아니라는 것을 발견하기 시작할 것이다. 이런 질문이 중대한 질문이다.

깊은 영성은 존재에 관한 질문들의 주위를 맴돌고, 우리는 각자 자신의 질문을 가지고 있다. '우주에서 나의 자리는 어디인가?', '신은 무엇인가?', '삶이란 무엇인가?', '도대체 여기서 무엇이 일어나고 있는가?' 나에게는 그 질문이 흔한 영적 질문인 '나는 누구인가?'였고, 이는 나의 전제에 의문을 제기했다. 영적 수행 초기의 어느 날, 명상을 하고 있는데 그 질문이 일어났다. "잠깐만. 나는 내가 누구인지 몰라. 깨달음을 추구하는 '나'가 누구인지도 모른다고. 내가 누구인지 모른다면, 도대체 어떤 토대 위에서 내가 질문을 하는 거지?" 나는 깨달음을 쫓고 있었지만, 깨달음을 쫓고 있는 게 '누구'인지조차 모른다는 생각이 들었다. 그리고 내가 누구인지부터 분명히 밝히는 게 더 좋다는 걸 깨달았다. 그러자 갑자기 모든 것이 이제까지와는 다른 맥락에서 보였다. 내가 찾던 깨달음도 그것을 찾는 사람만큼 중요하지 않은 것 같았다. 그 질문이 떠올랐을 때 나는 불안했다. 뺨을 한 대 맞은 것처럼 정신이 번쩍 들었고, 무엇을 우선시해야 하는지 관점을 바꾸게 되었다. 그 질문은 이전에 내가 스스로 질문했던 것보다 더 깊은 질문이었기 때문이다. 그 생각이 들자마자 나는 내가 가야 할 방향을 발견했음을 알았다. 나의 영성 생활에서 가장 중요한 것을 발견했던 것이다.

우리가 가장 중요한 것을 발견할 때, 그것은 불안을 일으킬 정도로 격렬하게 일어난다. 왜냐하면 그것은 '모든 것'에 의문을 제기하기 때문이다. 그것은 평온을 어지럽히는 동시에 영감을 주는데, 진정 중요한 것에 대해 질문하면 막대한 에너지가 일어나면서 우리가 확장되기 때문이다. 그런 존재에 관한 질문의 진실한 대답은 대개 말로 설명할 수 있는 것이 아니고, 대답이라기보다는 계시에 더 가깝다. 이는 한 번도 물을 마셔본 적 없는 사람에게 물 한 잔을 마시는 경험을 진실로 설명할 수 없는 것과 같다. 가장 좋은 방법은 그 사람에게 물 한 잔을 주고 스스로 그것을 경험하게 하는 것이다. ─"이게 물이군!"─ 물을 마시는 경험이 어떻다고 설명하는 것은 실제로 경험하는 것과 다르다.

중대한 질문이 하는 일이 바로 그와 같다. 중대한 질문은 우리 내면의 공간을 열어주고, 선입관의 찌꺼기를 청소해준다. 그럼으로써 새롭고 변화시키는 힘이 일어날 수 있게 한다. 나는 여러분에게 이런 과정을 권하고 싶다. 바로 여러분이 질문의 아름다움과 영감과 불안정함을 경험하기를 바란다. 거기에 우리의 잠재력과 계시가 있기 때문이다. 사실 나는 영적 교사로서 내가 할 수 있는 가장 중요한 일 중 하나가, 깊은 영적 깨어남은 흔치 않은 사건이라는 생각에 의문을 제기하는 것임을 알게 되었다. 열심히 수행하는 학생들조차 깨어남은 예외적이고 어려운 일이라고 믿지만, 깊은 영적 깨어남이 그리 드물거나 어렵지 않다면 어떨까? 깨어남이 드물고 어렵다는 믿음이 사실이 아니라면 어떨까? 당신이 이미 가지고 있는 생각에 질문을 던지고, 미지에 깊이 기대라. 모든 것에 질문하라. 그렇게 할 때, 우리가 추구하는 깨어남이 가능하다는 걸 알게 될 것이다.

아디야샨티의 가장 중요한 것

당신은 무엇에 봉사하고 있는가

그건 단지 좋은 사람이 되는 것이 아니다.
그보다 훨씬 더 심오하다.

●   '나는 무엇에 봉사하고 있는가?' 내가 좋아하는 질문들 중 하나다. 이 질문은 우리를 일깨운다. 이것은 알아차림 수행이고 정직함 수행이다. 이 질문은 '나는 무엇에 헌신하고 있는가?', '나의 삶은 무엇을 위한 것인가?', '나는 누구인가?', '신은 무엇인가?' 같은 질문처럼 중대하다. 이런 중대한 질문을 하지 않으면 평생 몽유병자처럼 살면서 삶을 피상적으로 대하고 굳어진 관점과 행동 양식에 따라 행동하고 반응하게 된다.

봉사는 반드시 영적인 생각이나 이상적인 활동만을 말하는 것이 아니라 인간의 모든 경험의 일부가 봉사하고 보답하는 것이다. 인간이 된다는 건 어떤 식으로든 남을 돕고 타인의 평안을 보살피는 것이다. 봉사가 아름다운 이유는 우리가 다른 사람들의 평안에 함께 참여하기 때문이다. 이 점이 봉사의 핵심이다. 전체성의 관점에서 봉사할 때, 흘러넘치는 내면의 풍요로움을 남들과 함께 나누기 위해 봉사할 때, 봉사는 우리만이 아니라 봉사에 연관된 모든 사람을 풍요롭게 하고 삶을 긍정한다.

봉사에 관해 생각하면 나의 첫 스승 아비스 조안 저스티Arvis Joen Justi가 떠오른다. 나는 20대일 때 앨런 와츠Alan Watts의 책을 읽고 나서 선불교에 관심을 가지게 되었다. 어떤 책이었는지는 기억나지 않지만, 1980년대 초에 와츠는 인기 작가이자 동양의 영적 가르침을 서양에 전한 첫 세대였다. 와츠의 책에서 람 다스Ram

Dass의 책『깨달음의 여행Journey of Awakening』을 알게 되었는데, 그 책의 뒷부분에는 미국 전역에 있는 영성 센터와 명상 센터의 명단이 실려 있었다. 지금이야 책자 몇 권이 될 만큼 센터들이 많지만, 그 당시만 해도 선불교 사원이나 수도원, 요가 수련원이 많지 않아서 명단은 두 페이지 정도였다. 그중에 내가 살고 있던 캘리포니아 북부에서 15분 거리에 로스 가토스 선禪 그룹Los Gatos Zen Group이 있었다. 나는 너무 좋아서 하늘에 둥둥 떠 있는 것 같았다! 그곳이 무엇인지, 무얼 하는 곳인지 몰랐지만 당장 전화를 걸어서 아비스Arvis라는 여성과 이야기를 나누었다. 그녀는 나중에 내 스승이 되었다.

그녀는 로스 가토스의 언덕에 있는 그녀의 집으로 오는 길을 알려주었다. 그곳은 내 집에서 가까웠지만, 위치가 모호해서 나는 몇 번이나 길을 잃었다. 마침내 그곳에 도착했더니 덜렁 집 한 채만 있었다. 내가 무얼 기대했는지 몰라도, 보통 집일 거라고는 짐작도 하지 못했다! 제대로 찾아간 건지 확신할 수 없어서 주소를 몇 번이고 다시 확인해야 했다. 마침내 차에서 내려 그 집으로 걸어갔다. 현관문에 붙은 쪽지에는 '참선zazen'이라는 글과 건물 뒤편을 가리키는 화살표가 그려져 있었다. '참선'이 선불교에서 명상에 해당하는 말이라는 걸 알고 있었기 때문에, 나는 제대로 찾은 게 틀림없다고 생각했다.

당신은 무엇에 봉사하고 있는가

나는 뒤뜰로 가서 계단을 올라가, 집 뒤편에 있는 유리 미닫이문에 도착했다. 모든 게 예사롭지 않았다. 50대 후반에서 60대 초반으로 보이는 여성이 뒷문을 열어주었는데, 거기에도 안내문이 붙어 있었다. "신발을 벗고 들어오세요." 나는 신발을 벗어던지고 들어갔고, 다음에 무얼 해야 하는지 몰라서 그녀를 바라보았다. 그런데 그녀는 내 신발만 뚫어지게 내려다보고 있었다. 나도 고개를 돌려서 봤더니, 내가 아무렇게나 벗어던진 신발 한 짝이 다른 짝 위에 올라와 있었다. 내 신발들은 주의를 기울여서, 마음 챙김하거나 조심스럽게 놓여 있지 않았다. 나는 그녀로부터 침묵의 메시지를 받은 것이다. 내가 허리를 굽혀서 신발을 다시 나란히 놓자 그녀는 만면에 미소를 지으며 말했다. "환영합니다!"

어색했던 첫 만남 때부터 나는 아비스에게 온전히 가르침을 받았다. 내가 부주의하게 벗어놓은 신발에 주의를 기울이게 함으로써, 그녀는 알아차리는 것, 단지 중요하게 여기는 것만이 아니라 모든 것에 현존하는 것이 무슨 의미인지에 대한 첫 번째 가르침을 주었다. 우리의 내면과 주변에서 일어나는 모든 것에 주의를 기울이고 매우 명확히 의식하는 것 말이다. 그 놀랍고 완벽한 가르침은 수십 년이 지난 지금도 생생하다.

나는 그날 아비스와 함께 명상했고, 그곳을 계속 찾아갔다. 그리고 시간이 지나면서 그녀가 굉장히 헌신하면서 봉사하고 있음을 알게 되었다. 그녀는 30년 넘게 낯선 이들에게 집을 개방했다. 그 집 거실에는 명상하기에 적당하도록 검은 매트 위에 검은 쿠션들이 놓여 있었고 앞쪽에는 작은 보살상이 있었다. 모든 것은 절제되어 있었고 단순했다. 아비스는 매주 일요일마다 시간을 비워놓고 설법을 준비했으며 아무런 대가도 요구하지 않았다. 그녀의 조용하고 겸손한 언행과 그 겸손의 밑바탕에 있는 굉장한 힘에 나는 깊은 인상을 받았다. 그것은 명료함과 지혜의 저장고이자 보다 깨어나서 대상을 보고 경험하는 길이었다.

아비스는 중요한 것, 즉 그녀가 사랑하는 것에 큰 헌신을 했다. 나는 그것에 대해 성찰하기를 결코 멈추지 않을 것이다. 처음 집에서 가르침을 전하기 시작했을 때, 그녀는 모든 것을 준비하고 앉아 있었지만 아무도 오지 않았다. 그래도 그녀는 설법문을 쓰고, 명상실을 갖추어놓고, 매주 계속해서 집을 개방했다. 이따금 남편이 측은한 마음에 그녀와 함께 앉아 있기도 했지만, 대개 그녀 혼자 앉아 있었다.

한 사람도 오지 않았지만, 그녀는 꼬박 1년 동안 계속 그렇게 했다. 바로 이것이 헌신이다! 그것은 불교의 가르침인 다르마 dharma에 대한 봉사였으며, 많은 사람들이 나타나는 것이나 성공의 잣대를 위한 봉사가 아니라 그녀가 부름 받은 일에 대한 봉사였다. 1년 후에 한 사람이 찾아와서 다음해에는 아비스와 그 사람둘뿐이었다. 두 사람은 일요일 아침이면 함께 앉아 명상을 했고, 아비스는 한 사람의 청중을 두고 설법을 했다. 천천히 소문이 퍼지면서 더 많은 사람들이 그 집을 찾아왔고, 15~20명이 모일 때도 있었다.

그녀의 헌신이 내게는 큰 가르침이었다. 봉사가 무엇인지 내 가슴을 울리며 알려주었기 때문이다. 봉사란 기꺼이 주는 입장이 되는 것이고, 헌신을 실제로 나타내는 것이며, 삶과 시간과 주의력과 에너지를 가장 중요한 것에 쏟는 것이다. 아비스는 거실에 혼자 앉아 있을 때조차 미래에 나타날지도 모르는 사람들 모두에게 봉사하고 있었다.

그렇게 여러 해가 지난 후, 나는 그 모임의 참석자 중 한 명이 되었다.

아비스는 기꺼이 조용하고 겸손하게 다르마를 섬겼다. 그녀에게는 사원, 법의法衣, 종교 의식 같은 것들이 필요 없었지만, 불교의 가르침에 대해서라면 지극히 단호했다. 결코 흐트러지는 일이 없었고, 그녀가 진리에 헌신한다는 건 누구도 부인할 수 없었다. 아비스는 30년 넘는 세월 동안 그녀의 스승인 타이잔 마에즈미Taizan Maezumi 노사老師[일본 선불교에서 '스승'을 가리키는 말 - 옮긴이]와 그의 스승 하쿠운 야스타니Hakuun Yasutani, 그리고 그의 스승의 스승들이 천 년 넘게 이어온 진리의 가르침의 계보를 이었다. 이들은 자신이 사랑한 것에 봉사한 사람들이었다. 그녀의 관점에서는 혼자 앉아 명상할 때도 오랜 계보 속 여러 다르마 스승들과 함께 있는 것이었다.

현재 우리 모두는 각자의 방식으로 봉사하고 있으며, 모든 사람은 어떤 계보의 일부이다. 우리는 원하든 원치 않든 어떤 것을 전해주고 있고, 의식적으로든 무의식적으로든 서로에게 영향을 주고 있다. 하지만 단지 자기가 어느 계보에서 왔는지만 자신에게 묻지 말고, 자기의 계보가 어디로 나아가고 있는지를 탐구하라. 우리는 무엇에 기여하고 있는가? 무엇에 봉사하고 있는가?

우리 서양인들에게 그 일은 매우 쉽다. 우리는 소비자 입장의 사고방식에 깊이 젖어 있어서, 늘 "이게 내게 무슨 이익을 줄 수 있지?"라고 묻는다. "이 영화가 내게 무엇을 줄 수 있지?" "이 사람이 내게 무엇을 해줄 수 있지?" 그리고 영적 가르침에 대해서도 "이 가르침이 내게 무엇을 해줄 수 있지?"라고 묻는다. 숲을 산책할 때는 "이 산책이 내게 무엇을 줄 수 있지?"라고 묻는다. 이는 하나의 태도이고, 하나의 입장이다. 이때 우리가 서로의 삶에 관여하고 있다는 것, 세계와 주변 존재들에게 영향을 미치고 있다고 인정하는 것을 잊어버린다. 그리고 이것은 우리가 봉사하는 것에 대한 모든 생각을 불러일으킨다. 우리의 삶은 무엇을 표현하는 것인가? 우리는 어떤 기여를 하고 있는가?

요즘은 특별히 유행하거나 인기 있지는 않지만, 봉사해야 한다는 생각은 모든 영적 전통과 종교 전통의 일부였다. 여기에는 단지 좋은 사람이 되는 것보다 훨씬 심오한 목표가 있다. 삶에서 중요한 것―소위 '임종할 때의 덕목deathbed virtues'―과 연관된 것이다. 주석가이자 작가인 데이비드 브룩스David Brooks는 '이력서의 덕목résumé virtues'과 '추도문의 덕목eulogy virtues'을 구별했다. 이력서의 덕목이란 고용주 같은 사람에게 자신을 알릴 때 쓰는 것이므로, 자신이 성취한 것과 성공한 것, 잘하는 것, 돈을 버는 능력 등이 들어간다. 한편 그것과 다른 추도문의 덕목은 자신의 장례식에서 다른 사람들에게 기억되기를 원하는 것이므로, 자신의 가장 깊은 부분, 즉 우리가 다른 사람들 및 주위의 생명들에게 미치는 영향과 연관된다.

추도문의 덕목을 깊이 생각해보면 내면을 살펴보고 봉사의 개념으로 돌아오는 데 도움이 된다. "나는 무엇에 봉사하고 있는가?" "어떻게 하면 내가 아는 가장 뜻깊은 일에 봉사할 수 있는가?" 이것을 숙고하라. 그 질문을 가지고 앉아 침묵 속에서 그 질문과 함께 머물러라. 우리에게 가장 중요한 것은 진리, 자유, 깨달음, 사랑, 자비심일 수 있다. 어디에 시간을 쏟고 주의를 기울이는지를 보면 우리에게 중요한 것을 알게 된다. 시간과 주의는 현대인이 가장 귀중히 여기고 아끼는 것이기 때문이다. 우리 대부분은 어떤 대의를 위해 시간을 들이고 주의를 기울이기 전에 먼저 돈을 낸다. 그걸 보면 우리가 시간과 주의를 귀중히 여기는 걸 알 수 있다.

이는 "이런 식으로 기여해야만 해." "저런 식으로 기여해야만 해."처럼 어떤 것을 '해야만' 한다는 새로운 관념을 부과하려는 것이 아니다. "~해야만 한다."는 것은 자연스러운 선함과 가슴속 고무하는 에너지를 흐리게 하므로, 우리의 마음이 자칫 봉사를 의무로 바꾸지 않는지 경계해야 한다. 그보다는 매 순간 맑은 정신, 통찰, 현현顯現을 유지하며, 그 필연적 결과로서 행동하거나 어떤 식으로 표현될 가능성을 가지고 있어야 한다. 요즘은 모든 사람이 세계를 바꾸고 싶어 하는 것같이 보일 정도로 거창한 언어로 사고하기를 좋아한다. 또한 어떤 일이 공개적이고 가시적인 효과를 만들어낼 수 없거나 그 행위가 우주적인 중요성을 가지지 못하면 봉사하고 참여하는 수고를 하고 싶어 하지 않는 사람들이 많은 것 같다. 하지만 그런 건 이기적인 자기 확대일 뿐이지, 봉사가 아니다. 진정한 봉사는 겸손한 에너지이다. 그것은 당신이 사랑하는 것에 도움이 되는 지점을 찾는다. "내가 사랑하는 것에 어떻게 참여할 수 있는가?" "어떻게 해야 나 자신이 내가 사랑하는 것의 살아 있는 표현이 될 수 있는가?" 이는 완전함을 추구하느라 우리를 수많은 자기 판단 속으로 사라지게 할 수 있는 길이 아니라, 열망을 품은 작은 길이다.

봉사를 바라보는 다른 방식이 있다. 아비스가 말없이 내가 벗어놓은 신발에 주의를 기울이게 했을 때, 나는 어느 하나에 봉사하는 것이 다른 모든 것에 하는 봉사를 나타낸다는 것을 언뜻 보았다. 그녀는 "이 일은 내가 주의하고 사랑하고 봉사할 가치가 있지만, 저 일은 그럴 가치가 없어."라는 생각으로 세상을 분리하지 않는 것이 중요하다는 것을 보여주었다. 그건 이원적이고 자기중심적인 눈으로 보는 것이기 때문이다.

사람들은 이따금 내게 "당신은 영적 교사니까 언제나 봉사해야지요."라고 말한다. 내가 유일하게 봉사하는 때가, 내가 다르마에 봉사하는 유일한 시간이 한 무리의 사람들 앞에서 뭔가를 하고 있을 때뿐이라고 생각해보자. 그건 지나치게 제한적이다. 그러면 나는 배우가 되고, 내가 전하는 다르마는 연극이 될 것이다. 그건 내가 평생 하지 않은 일이다. 나는 스승이 내게 가르침을 전하라고 청했기 때문에, 그 일을 해야 한다고 부름을 받았기 때문에 사람들을 가르친다. 그래서 일이 힘겹거나, 피곤하거나, 비행기를 여러 번 타야 하고, 집을 떠나 있어야 해도 기쁘게 그 일을 한다. 그리고 이 모든 것의 뒤편에는 내가 진실로 귀중하다고 여기는 일에 봉사한다는 동기가 있다.

하지만 그것이 나와 다른 사람들이 봉사할 수 있는 유일한 길은 아니다. 주변 세계와의 만남, 신발을 벗어놓는 법과의 만남,

다음에 대화할 사람과의 만남, 이후 처할 상황과의 만남 등 순간 순간 인간의 삶이 전개될 때 많은 것들이 있다. 당신의 삶에서 그런 순간이 생기면 "나는 무엇에 봉사하고 있는가?"라고 질문하라. 삶에서 가장 중요하게 여기는 것에 봉사할 때는 부가적인 혜택도 있다. 단지 사랑하는 것을 더 많이 얻으려고만 할 때보다 사랑하는 것에 봉사할 때 훨씬 더 행복해지기 때문이다.

우리가 소비자의 입장에 있을 때는 '모자란다'는 느낌을 받는다. 충분하지 않다는 느낌과 "더 많이 필요하고 더 많이 원해."라는 생각 때문에 부족하다고 여기게 되기 때문이다. 이와 달리, 이렇게 생각하며 하루를 시작하기 바란다. "오늘 나는 진심으로 소중하게 여기는 것과 사랑을 표현하기 위해, 어떤 사람이나 어떤 것에게 한 가지를 봉사하겠다. 사소한 것이라도 그런 태도를 보이겠다." 그러면 봉사하고 봉사에 맞추어 사는 것이 얼마나 멋진지 놀랄 것이다. 다른 사람들의 평안을 보살필 때만큼 기쁜 일은 없다. 그래서 봉사는 어떤 사람이나 어떤 것에 이로울 뿐만 아니라 아름답기도 하다. 아비스가 수년 동안 다르마에 헌신한 것처럼, 나에게, 혹은 중요한 것에 봉사한 사람에게는 진정으로 감사하는 마음이 생기고, 그 감사하는 마음은 내가 하는 일을 할 수 있게 해 준다. 덕분에 나는 놀라운 감정과 영감으로 충만하고, "나는 무엇에 봉사하고 있는가?"라고 질문하게 된다.

역경의 관문

가면을 벗어 자신을 밝히는 것이 수행이다.

• 　　　한동안 아비스와 함께 명상을 한 후에 나는 1주일 간 묵언 수행을 하기로 결심했다. 아비스가 스승을 추천해주었다. "소노마 산 선 센터Sonoma Mountain Zen Center에 있는 야쿠쇼 쾅 Jakusho Kwong이라는 스승이 좋을 것 같습니다. 그곳이 당신이 수련하기에 적당할 겁니다." 종, 법의, 의례 등 모든 것을 갖춘 선불교 사원에서 정통 수련을 한다는 기대감에 나는 들떴다.

나는 늦은 오후에 그곳에 도착했고, 수련은 이른 저녁에 시작할 예정이었다. 저녁식사를 마친 후 우리는 첫 명상 시간에 맞추어 명상실로 들어갔다. 그곳은 매우 격식을 갖춘 곳이었지만, 나는 어떻게 하는 것이 예의 바른 행동인지 전혀 몰랐다. 간단한 안내밖에 없었기 때문에, 나는 다른 사람들이 하는 것을 보면서 어떻게 행동해야 하는지를 배웠고, 그 덕분에 즉시 알아차림이 예민해졌다. 그리고 방석에 앉아 종이 세 번 울려서 명상 시간이 시작되었음을 알려주기를 즐거운 마음으로 기대하고 있었다.

마침내 종이 울리자 아드레날린이 몸속에 넘쳤다. 두려운 건 아니었지만 온몸이 투쟁-도피 양상에 들어갔다. 그저 "여기서 어떻게 빠져나가지? 여기서 내보내줘!"라는 생각밖에 들지 않았다. 불과 5초 전에 거기 있다는 사실만으로도 전율을 느꼈던 걸 생각하면 그건 어리석은 생각이었다.

다행히도 내면에서 작고 조용한 목소리가 들렸다. "너는 이게 얼마나 중요한지 몰라. 여기 그대로 있어야만 해." 그래서 밤낮으로 24시간씩 5일 동안 아드레날린이 솟구쳤고, 수련 기간 내내 제대로 잠을 자지 못했으며, 도중에 그만 두는 게 좋을지 여러 번 심각하게 고민했다. 하지만 어찌어찌해서 간신히 견뎠고, 그렇게 수련을 마쳤다. 미래의 영적 교사로서 상서로운 출발은 아니었지만 실제로 그랬다. 내가 왜 그렇게 반응했는지는 결코 알지 못했지만 짐작되는 건 있다. 그런 수련을 할 때 우리 내면 깊은 곳의 어떤 것은 안다. "와! 이제 다 끝났어. 이건 '그런 척' 하는 게 아니야. 진짜란 말이야." 내 안의 어떤 것은 그 수련이 삶을 완전히 재설정하는 것임을 알았다. 나는 그걸 의식적으로 알지 못했지만, 나의 에고는 무의식적으로 위협받는 것처럼 반응했다. "바로 이거야. 에고의 충동이 달려가는 한, 이 녀석은 평생 동안 자기 존재의 본성에 대해 깊이 고민할 거야."

어떤 면에서 나의 첫 수련은 완전한 실패였다. 그나마 나를 버틸 수 있게 해준 유일한 것은 둘째 날 머릿속에 떠오른 만트라였다. 5일 밤낮 동안 수천 번을 나 자신에게 말했다. "결코 다시는 이런 걸 하지 않을 거야." 이게 내게 가장 중요한 영적 만트라였다.

그 수련을 하는 동안 가장 인상을 깊었던 것은 쾅 노사가 매일 하는 설법이었다. 그 시간에는 앉아서 듣고 즐기기만 하면 되었으므로 휴식 시간이나 마찬가지였다. 온몸이 쑤시는 명상, 끝없는 침묵, 무릎과 등에서 느껴지는 고통에서 잠시 벗어날 수 있었다. 쾅 노사는 당시 다녀온 인도 여행에서 큰 영향을 받았었다. 그가 그 여행에서 있었던 일을 말할 때 눈물이 뺨을 타고 흘러내려 턱에서 떨어지는 걸 보고 그걸 알 수 있었다.

그중 한 이야기가 특히 감동적이었다. 쾅 노사가 가난한 지역의 더러운 길을 걷고 있었다. 길 한가운데서 아이들이 공과 막대기를 가지고 놀고 있었다. 그런데 한 아이가 따돌림 당한 듯 다른 쪽에 혼자 있었다. 그 아이는 슬픈 표정으로 다른 아이들이 노는 걸 보고 있었는데, 구개 파열이 있어서 윗입술이 몹시 흉했다. 쾅 노사는 그 아이에게 다가갔지만, 언어가 달랐기 때문에 어떻게 말해야 할지 몰랐다. 잠시 망설이던 쾅 노사는 한 손으로 그 아이의 손을 잡고 다른 손으로 주머니에서 돈을 꺼냈다. 그리고 작은 아이스크림 가게를 가리키면서 소년에게 돈을 주었다. 나는 그 행동이 그 아이에게 작은 위안을 주고, 그 불쌍한 아이의 존재와 외로움을 잘 안다는 마음을 다정하게 전하는 행동이었다고 생각했다.

쾅 노사는 돈을 주면서 "저 애들에게 아이스크림을 사주거라." 하고 말하듯, 그 아이를 외면한 것 같은 다른 아이들을 가리켰다. 모든 아이에게 아이스크림을 사줄 수 있을 만큼의 돈을 그 아이에게 주었던 것이다. 그 아이가 다른 아이들을 손짓으로 불러서 아이스크림 가게를 가리키자 외롭고 슬펐던 그 아이에게 모든 아이가 다가왔다. 그 아이는 갑자기 영웅이 되었다! 그 아이는 가지고 있던 돈으로 친구들 모두에게 아이스크림을 사주었고, 아이들은 그 아이와 함께 웃고 떠들었다. 이제 그 아이는 친구들과 어울리게 된 것이다.

쾅 노사는 그가 스승임을 나타내는 아름다운 갈색 법의를 입고 방석에 가부좌를 틀고 앉아, 부드럽게 울리는 목소리로 그 이야기를 하면서 자신이 목격한 가난과 그 아이의 외로움에 가슴 먹먹해했다. 그는 눈물을 전혀 감추지 않았고 자신의 감정에 당황한 것 같지도 않았다. 그렇게 한 남성이 강한 힘과 부드러움을 동시에 나타내는 걸 보고, 나는 진정한 남성다움이 어떤 것인지에 대해 평생 접한 다른 무엇에서보다 많은 걸 배울 수 있었다. 그처럼 두려움 없이 말하는 걸 듣는 일은 범상치 않았다. 그렇게 선 스승과의 첫 만남은 포부를 지닌 젊은 선불교 제자인 나에게 대단한 행운과 은총이었다. 특히 나는 그 설법을 제외하면 수련 기간 내내 가까스로 견디고 있었기 때문이다. 나는 계속 쾅 노사와 함께 공부했고, 수년간 그와 함께 몇 차례 수련하며, 그의 큰 지혜에 감사했다. 하지만 첫 수련 때와 같은 모습은 결코 다시 볼 수 없었다. 그의 열린 태도와 존엄함은 내게 큰 영향을 끼친 가르침이었다. 마치 은총에 푹 잠기는 것 같았다.

그 후 수백 번의 수련에 참가했고 수련을 이끌기도 했지만, 나는 아직도 쾅 노사와 함께 한 첫 수련을 내 인생 최악의 수련이자 최고의 수련이라고 여기고 있다. 그 수련이 끝나고 몇 달이 지날 때까지도 그 순간이 내게 얼마나 큰 영향을 주었는지는 알지 못했다. 명상하는 내내 아드레날린이 솟구쳤지만 그걸 고스란히 겪으며 앉아 있으면서도, 도망가지 않고 내게 일어나는 것과 함께 머무는 것은 심오한 경험이었다. 그런 경험을 할 때나 자신의 한계까지 몰릴 때, 우리는 그것을 은총이라고 생각하지 않지만, 내가 그런 환경에 있었던 것은 진정한 은총이었다. 나는 아무 데도 갈 수 없고, 텔레비전을 보거나 라디오를 들을 수도 없고, 책을 읽거나 토론을 할 수도 없는 곳에 있었다. 그래서 나의 경험을 하나도 빠짐없이 모두 직면해야 했다. 나중에 사람들에게 그 수련에 대해 말할 때면 눈물을 흘리곤 했는데, 그건 슬픔이나 기쁨의 눈물이 아니라 마음속 깊은 곳에서 나오는 눈물이었다. 그 수련에서 매우 의미 있고 생기 있는 중요한 것에 감동받아서 가슴이 열렸던 것이다.

삶을 겪으며 경험을 충분히 쌓으면, 때로는 심한 역경으로 인해 가슴 깊은 곳까지 열린다는 것을 알게 된다. 곤란한 지경에 빠졌을 때, 어려운 일에 맞닥뜨렸을 때, 도전 받는 것 같을 때, 위기에 몰렸다고 느껴질 때 등, 그럴 때면 자진해서 멈추고, 그 순간과 함께 앉아 있고, 그런 생각과 느낌에 대한 쉽고 빠른 해결책만 찾으려 하지 않는 태도를 가지는 것은 하나의 선물이다. 그것은 장애의 경험과 역경의 경험, 불안의 경험에 자신을 온전히 열 수 있고 기꺼이 여는 일종의 은총이다.

은총에는 밝은 은총도 있고 어두운 은총도 있다. 밝은 은총은 계시를 받을 때, 통찰을 얻을 때이다. 깨침은 밝은 은총이다. 마치 구름 뒤에서 태양이 나오는 것 같다. 가슴이 열리고, 낡은 정체성이 모두 사라진다. 반면에 어두운 은총은 내가 첫 수련에서 경험한 것 같은 은총이다. '어두운'이란 말은 불길하거나 악하다는 뜻이 아니라, 빛을 찾아 어둠 속을 여행한다는 의미이다. 우리가 무엇을 경험하든, 어려운 문제가 무엇이든, 그것들을 통해서는 길을 찾을 수 없다. 수년 동안 매일 명상을 하면서 배운 가장 놀라운 가르침은 지금 무엇이 나타나든, 그리고 무엇이 있든 해결책을 찾거나 설명을 구하지 않고 말없이 고요하게 그것과 함께 있는 지혜와 은총을 지니는 것이다.

자기 자신을 아는 것이 명상과 같은 영적 훈련의 핵심이다. 나와 함께 수련하는 사람들은 하루 5~6회 명상을 하는데, 그렇게 하는 목적은 명상에 익숙해지는 데 있는 것이 아니다. 명상을 '잘하는' 것이 어떤 상태라고 정의하든 상관없이, 명상을 할 때 가장 중요하고 유용한 것이자 명상을 하는 까닭은 자기 자신과 만나는 것이다. 자신의 경험으로부터 숨거나 그것을 초월하려 하거나 다른 데 집중하기 위해 명상을 이용하지 않는다면, 그리고 말없이 현존한다면, 우리는 명상을 할 때 정직하지 않을 수 없다. 명상은 지금 이 순간 놀라울 정도로 진실하게 자신을 경험하는 방법이다. 이렇게 기꺼이 자신을 만나는 것이 매우 중요하다. 그것이 무엇이든 지금 있는 그대로 현존하기이며, 바로 그것이 영적 삶과 깨우침의 열쇠이다. '무엇이든 지금 있는 그대로'는 평범한 경우도 있고, 빛과 은총과 통찰로 충만한 경우도 있다. 그리고 때로는 어디로 가고 있는지 혹은 그것을 어떻게 헤쳐나가야 하는지 알 수 없는 어두운 은총으로서 시작되었다가 갑자기 빛이 생기기도 한다.

명상의 좋은 점 가운데 하나는, 그런 순간이 일어났을 때 그것과 함께 앉아 명상하고 있으면, 우리가 그 순간과 어두운 은총을 신뢰하기 시작한다는 것이다. 바로 어찌할 바를 모를 때 진정한 본성이 나타난다는 것을 알아차리게 된다. 명상할 때 준비가 되어 있다면 자기 자신을 마주치게 되고, 우리의 본성은 진정한 정직함을 이끌어낸다. 끝없이 이것저것 읽을 수도 있고, 계속해서 설법을 들을 수도 있고, 그것을 이해하고 파악했다고 여길 수도 있지만, 도망가지 않고 그저 조용히 자신과 함께 있을 수 있는 것, 바로 그것이 우리에게 필요한 정직함이다. 아무것도 하지 않아도 무척 행복할 수 있고 그것과 더불어 평화로울 수 있다면 자기 내면의 고요함을 발견한 것이다.

우리는 경험을 통해 어디로 가야 하는지 모르는 순간이나 결코 답을 얻지 못할 것 같은 순간도 신뢰할 수 있음을 알게 된다. 그리고 그 순간 멈추어서 귀 기울일 수 있다는 것을 알고 있다. 이것이 명상의 핵심이다. 즉 명상은 깊이 듣는 행위이다. 영성의 핵심은 무無를 듣고 역경을 신뢰하는 기술과 실천으로 귀결될 수 있다. 바로 이것이 첫 수련에서 내가 배운 것이었다. 즉 어려운 문제와 직접 만나는 것이 자신의 내면 깊이 들어가는 관문이며, 자신에게 가장 중요한 것을 직면하고 삶이 펼쳐지는 걸 신뢰할 수 있는 길이다.

나는 영적 교사로서 사람들이 자신의 삶을 신뢰하지 못하는 것을 보았다. 사람들은 문제점은 물론이거니와 때로는 성공조차 신뢰하지 못한다. 왜냐하면 삶 자체가 가르쳐준다는 것을 신뢰하지 못하기 때문이다. 자신의 인생이 펼쳐지는 모습 속에 가장 고귀한 지혜가 있음을, 그러므로 고요히 앉아 명상하며 귀 기울이면 그 지혜와 만날 수 있음을 신뢰하지 못하기 때문이다. 자기 자신의 내면으로 깊이 들어갈 수 있다면, 자신이 '아무도 아님'을 깊이 체험할 수 있다면, 그리고 역경으로 인해 자신이 '어떤 사람이라는 정체성'을 내려놓을 수 있다면, 페르소나persona의 가면을 벗어버릴 수 있다. 가면을 벗는 것이 바로 영적인 면에서 우리가 원하는 것이다. 우리가 기꺼이 가면을 벗을 때도 있고, 가면이 떨어져 나가기도 하고, 가면이 닳아 없어지기도 한다.

가면을 벗는 것이 곧 영적으로 나아가는 길이다. 이는 영적인 가면이라 해도 새로운 가면을 만들어내지 않는 것이다. 세속적인 사람에서 영적인 사람이 되거나, 물질주의적 에고를 영적인 에고로 바꾸는 것도 아니다. 그건 진실성의 문제이자, 삶이 굉장히 힘겨울 때에도 삶을 신뢰하는 능력의 문제이다. 지금 있는 곳에 멈추어 경청하고, 응하고, 마음을 여는 것이다. 우리는 멋있으면 멋지다고 느끼고, 어쩔 줄 모르겠다면 어쩔 줄 모르지만, 모르는 것을 신뢰할 수도 있다. 그것에 대해 혼잣말을 하거나 이러쿵저러쿵 이야기를 만들어내지 않고, 그저 신뢰할 수 있다. 우리 자신을 신뢰하는 능력과 어떤 모습이든 삶을 신뢰하는 능력을 발견해야만 한다. 그러면 빛이 비추고 계시가 일어나기 때문이다.

멈추어서 들으면 그것을 알 수 있다. 귀로 듣거나 머리로 듣기보다는 가슴으로 듣고, 모든 순간을 조건화된 대로 경험하는 것 너머로 이끌어주는 다정하고 친밀한 알아차림으로 듣는다. 나의 첫 수련은 매우 힘들었지만, 그 상황에 머무는 데 전념한다면 가장 힘든 경험으로부터 가장 놀라운 것이 나올 수 있음을 가르쳐주었다. 그것이 명상의 핵심이며, 외부의 것들에서 눈을 돌려 사랑의 근원, 지혜의 원천, 내면의 자유와 행복의 근원으로 향함으로써 우리가 누구이고 무엇인지를 발견하는 데 필요한 핵심이다. 거기가 우리에게 가장 중요한 것을 발견하는 곳이다.

사랑과 은총을 마주치는 곳

가장 깊은 의미의 영성은
지금 있는 그대로의 자신을 일깨워주고,
우리가 세상에서 유익하고, 사랑하고, 친절하게 현존하는
자연스러운 인간의 길을 자유롭게 해준다.

● 　　　　내게 가장 중요한 것 중 하나는 은총이다. 통찰, 아름다운 것, 사랑, 기회, 세상에 대한 계시를 받을 때 은총이 온다. 영적인 면에서는 은총을 어떤 경험과 연관해서 생각할 때가 많지만, 때때로 은총은 무언가가 사라지는 것이다. 그건 어느 날 잠에서 깨어보니 어깨를 짓누르던 부담이 없어졌다는 걸 알아차리는 것과 같다. 영적 수행은 얻는 은총과 사라지는 은총을 받을 수 있는 기회를 준다.

은총에 대해 생각하면 나는 할아버지 해롤드가 떠오른다. 우리는 아주 친하게 지냈는데, 할아버지는 겉보기와 달리 비범한 사람이었다. 찢어지게 가난한 집에서 자랐지만 쾌활했고 선량한 성품을 타고났다. 할아버지는 내가 처음으로 만난 '진정한 그리스도인'이었다. 할아버지가 그리스도교에 대해서 많은 말을 해서가 아니라, 그리스도교가 할아버지의 인생에서 큰 부분을 차지했고, 할아버지가 그리스도교의 미덕을 실천하는 행동을 매우 자연스럽게 했기 때문이다. 할아버지가 완전한 인간이었다거나 이따금 할머니를 속상하게 하지 않았다는 말이 아니라, 그의 가슴이 열려 있고 관대했다는 뜻이다.

어렸을 때 나는 할아버지와 할아버지의 50년 된 이웃이자 절친한 친구인 존과 셋이서 골프를 치러 가는 걸 참 좋아했다. 존은 거구에 머리를 짧게 깎은 독일 사람으로 기술자로 일하다 은퇴했다. 할아버지와 존은 기질이 완전히 반대였다. 존은 보수적이고 매우 예의 바른 사람이었다. 성미가 급하고 화를 잘 냈지만 장점이 있었다. 바로 가슴이 따뜻한 사람이라는 것이었다. 그를 처음 만나는 사람은 그걸 알아차릴 수 없을지도 모르지만, 나는 그와 할아버지의 관계에서 그걸 보았다. 두 사람은 환상적인 친구였다.

둘이서 골프를 치는 날에 할아버지가 나를 데려간 것을 존이 어떻게 생각했는지 나는 모른다. 열두어 살 아이가 따라간 걸 그저 참았을 뿐일지도 모르지만, 그는 내게 잘해주었다. (그때나 지금이나 골프를 지독히도 못 치지만) 나는 두 사람과 함께 골프 치러 가는 걸 좋아했고, 할아버지는 나와 함께 있는 걸 무척 기뻐했다.

할아버지는 남을 의식하지 않았다. (내가 아는 한) 할아버지는 무슨 일을 하든 남들의 생각을 개의치 않고 순수하게 즐거움을 느끼고자 그 일을 했다. 골프 치러 갈 때 할아버지는 가방 밑바닥에 원더 브레드Wonder Bread[미국의 유명 빵 브랜드. 1921년 최초로 식빵을 썰어서 판매했다. - 편집자] 빵 한 덩이를 숨겨 가지고 가는 걸 좋아했다. 골프를 치다가 오리들이 있는 작은 연못에 가까이 가면 할아버지는 빵을 조금씩 떼서 오리들에게 던져주었다. 할아버지가 어깨 너머로 빵 조각을 던져주면 피리 부는 사나이 이야기처럼 얼마 지나지 않아 30~50마리의 오리들이 골프장 잔디 위를 뒤뚱뒤뚱 걸어서 졸졸 따라왔다. 우리가 수십 마리의 오리와 거위들에 둘러싸인 채 다음 그린green[골프장에서 홀컵 주위의 편평한 잔디밭 - 옮긴이]까지 걸어가면서 주변에서 골프를 치는 다른 사람들의 표정을 보면 그런 야단법석이 없었다.

어린아이였던 내게는 멋진 일이었지만 존은 그걸 싫어했다. 그는 낮은 소리로 할아버지를 나무랐다. "제길, 해롤드. 이 빌어먹을 오리들에게 매번 먹이를 줘야겠어?" 존이 불평해도 그 일을 좋아했던 할아버지는 못 들은 체하며 계속 오리들에게 먹이를 주었고, 그 일로 행복해하고 기분이 좋았다. 그 광경은 존에게는 경악을 금치 못할 일이었다. 그가 생각하는 골프 예절에서 완전히 벗어난 일이었기 때문이다. 할아버지와 존, 두 사람을 따라 골프 코스를 도는 일은 내 인생에서 가장 재미있고 유쾌한 일이었다.

나는 골프 실력이 형편없어서 걸핏하면 공을 개울이나 연못에 빠뜨렸다. 그러면 할아버지는 바지를 걷어올리고 신발을 벗은 다음 물속으로 들어가서 내 골프공은 물론이고 손에 닿는 골프공을 모두 주워 가지고 나왔다. 할아버지가 활짝 웃으며 물 밖으로 나올 때면 손에 골프공이 열 개 내지 스무 개쯤 있었다. 그리고 내 공을 돌려줄 때 다른 공들도 함께 주면서 무척 자랑스러워했다! 나는 할아버지 나이의 사람이 마음껏 즐기는 걸 보는 게 기쁘다고 생각했지만, 이번에도 존은 골프 예절을 어기는 걸 보고 기분이 좋지 않았다. 할아버지가 존의 생각에 전혀 신경을 쓰지 않은 건 아니었지만—존을 생각해서 이따금 자제하는 모습을 볼 수 있었다—그래도 할아버지는 언제나 그대로였다. 열린 가슴과 열린 마음을 가진 대단히 관대한 사람이었다.

할아버지와 나는 캘리포니아에서 출발해 당시 천 마일이 넘는 비포장 도로였던 알래스카 고속도로를 따라 알래스카 중부까지 가는 긴 여행을 한 적이 있다. 정말 대단한 모험이었다! 우리는 매일 낮에는 내내 차를 몰았고 밤에는 야영장에서 지냈다. 할아버지는 캠프를 차린 뒤에 주변을 돌면서 사람들에게 자신을 소개하고 대화를 나누기 시작했다. 그는 다른 사람들과 친해지는 놀라운 재주가 있었다.

할아버지는 은퇴한 후 봉사하면서 살았다. 교도소를 방문해서는 재소자들에게 자신의 그리스도교 신앙에 대해 말해주었고, 식사 배달 봉사를 했다. 그 밖에 할아버지가 한 일들을 얼마든지 더 말할 수 있다. 할아버지는 모든 존재에게 퍼져 나가는 사랑, 훌륭한 그리스도인의 사랑을 나누었다. 사람들은 보통 자기 자신의 '조건'이라는 렌즈를 통해 모든 것을 바라본다. 반면에 할아버지는 자신의 조건을 따르기보다 가슴이 이끄는 대로 했다. 할아버지는 한 사람이 주변의 다른 사람들에게 얼마나 큰 영향을 줄 수 있는지를 보여주었다. 자신이 사랑과 기쁨을 표현하는 걸 다른 사람들의 의견이 방해하게 놓아두지 않았다. 있는 그대로의 자신이면서, 동시에 다른 사람들을 있는 그대로 받아들이는 할아버지 같은 사람과 함께 있는 것은 내게 깊은 가르침을 주었다.

할아버지는 선한 그리스도인이 되는 데 삶을 모두 바쳤다. 할아버지에게 있어 그리스도교는 독단적인 신념dogma이 아니라 세상과 다른 사람들의 삶을 유익하게 하고 사랑하는 현존이었다. 그래서 그 심오한 가치를 깊이 내면화해서 자기 자신이 곧 그 가치가 되었다. 할아버지는 자연스럽고 자발적인 그리스도인이었고, 그것이 할아버지의 가장 큰 재능이었다. 누구든 할아버지와 함께 있으면, 그가 우리를 받아들이고 사랑한다는 것을 분명히 알 수 있었다. 가장 깊은 의미의 영성은 지금 있는 그대로의 자신을 일깨워주고, 우리가 세상에서 유익하고, 사랑하고, 친절하게 현존하는 인간으로서 자연스러운 길을 갈 수 있게 해준다.

할아버지는 캘리포니아 시에라네바다 산맥의 높은 산에 있는 호수에 고무보트를 띄우고 그 위에서 죽고 싶다고 말했다. 할아버지도 나처럼 그 산을 좋아했고, 호수에서 시간을 보내는 걸 좋아했다. 어떻게 고무보트에서 죽는다는 생각을 하게 되었는지는 모르겠지만, 할아버지는 낚시를 좋아했다. 그는 젊을 때 제철소에서 일하면서 감염된 바이러스 때문에 심장병을 앓았다. 1930~40년대의 제철소는 뜨겁고 위험하고 지독한 곳이었는데, 할아버지는 가난해서 아파도 쉴 수 없었고, 계속 일하는 동안 바이러스가 심장을 침범해서 심장이 비대해졌다. 할아버지는 결국 바이러스 때문에 죽게 될 것이라고 늘 말했다. 그런데 아니나 다를까 실제로 그렇게 되었다. 70대 중반이었던 할아버지는 어느 날 시에라 산맥의 그가 좋아하는 호수에서 정말로 고무보트 위에 누워 있다가(!) 돌아가셨다. 심장마비가 일어났고, 평소 그가 바라던 대로 좋아하는 호수 위에서 바로 숨을 거뒀다.

할아버지가 돌아가셨을 때 나는 슬프거나 비통하지 않았다. 할아버지는 때로는 힘들었지만 훌륭한 인생을 살았고, 기쁘게 살았고 기쁘게 숨졌다. 또 매우 쾌활하고 남을 배려하는 사람이었기 때문에 나는 할아버지가 내 삶에 있었고 그와 함께할 수 있었던 데 마음 깊이 감사했다. 그 후에도 줄곧, 그런 할아버지를 알았던 덕분에 바른 상호작용을 통해 서로의 삶에서 우리가 하는 역할을 더 잘 알아차릴 수 있었다. 우리가 얼마나 진심으로 현존하는지, 어떻게 주어진 순간에 사랑과 은총을 실천할 수 있는지를 더 잘 알아차리게 되었다. 이것이 할아버지가 내게 준 은총이다.

기꺼이 미지를 신뢰하라

은총은 여러 형태로 온다.
선물처럼 받기 쉬운 은총도 있고,
받아들이기 힘든 은총도 있다.

●   '은총grace'은 영성에서는 물론이고 영성 외의 분야에서도 많이 사용되는 말이다. 은총을 받은 경험에 대해 표현할 때 사람들은 돌파구가 되거나 갑작스런 깨달음이었다고 말한다. 그리스도교에서는 은총을 '수고 없이 받은 좋은 선물'이라고 한다. 자신은 그 선물을 받을 자격이 없다고 생각할지도 모르지만, 알 수 없는 이유로 우주나 신으로부터 선물 받았다고 여기는 것이다. 우리가 아는 유일한 것은 우리가 그걸 만들지 않았다는 것뿐이다. 우리는 운이 좋았거나 축복을 받았다고 느낀다. 영적 깨어남 자체가 바로 은총이다. 뜻밖의 소득이고 신의 선물이다. 은총은 여러 형태로 오기에 선물처럼 받기 쉬운 은총도 있고, 받아들이기 힘든 은총도 있다.

하지만 '은총'이라는 말을 곰곰이 생각해보면, 수고 없이 좋은 것을 얻는 순간이라는 것보다 더 큰 의미가 있다. 은총을 그렇게만 여기면, 은총으로 인해 우리가 가슴과 마음을 열고 새로운 통찰과 진리를 밝히도록 응할 수 있게 된 측면을 인정할 수 없다. 우리를 은총으로 이끄는 것은 은총의 '움직임'이다. 우리는 역경에 처했을 때 가장 크게 발전하고 이해가 깊어지기 때문이다. 이때의 역경이란 사랑하는 이나 친구를 잃었을 때, 일자리나 인간관계, 건강을 잃었을 때, 미지의 위기에 몰렸는데 어디로 가야할지 모를 때 등이다. 그런 순간들은 좀처럼 은총으로 느껴지지 않지만, 그때 진정한 모습이 드러난다. 때때로 은총에서 가장 멀리 있는 것 같을 때가 바로 돌파구가 열리는 때이다. 근본적인 차원에서 우리를 바꿀지도 모르는 중요한 이해나 새로운 관점에서, 그리고 미지의 막다른 상황에서 어디로 가야 할지 모를 때 말이다.

이는 우리가 반드시 막다른 상황에 몰려야만 한다는 의미가 아니다. "은총을 받으려면 많이 고통스러워해야 한다."라는 법은 없다. 괴로움을 겪어도 돌파구를 찾지 못할 수도 있고, 평생 고통을 겪어도 더 깊은 이해에 도달하지 못하는 사람도 있다. 그들은 조건에 얽매인 채 저항하는 상태로, 삶에 집착하기만 할 뿐 삶을 새롭게 바라보려 하지 않는다. 그런 방식이 효과가 없고 고통을 초래해도 합의된 현실과 습성을 그냥 받아들인다. 괴로움을 겪더라도 차라리 익숙한 괴로움에 머무르려는 것이다. 하지만 은총의 순간이 일어나기 위해서는 때때로 그런 조건화된 상태를 밀고 지나가야 하고, 심한 상실감과 혼란을 직면해야 하고, 불가항력적인 무언가를 다루는 힘든 일을 해야만 한다. 특히 우리가 변화에 저항할 때 그래야 한다. 은총이란 습성이 습성인 줄 기꺼이 아는 것이고, 우리가 살아온 방식이 효과가 없음을 아는 것이고, 우리가 그것 아닌 다른 걸 전혀 생각할 줄 모른다는 걸 아는 것이다.

은총에 대해 좀처럼 논의되지 않는 측면은 우리의 참여이다. 은총은 언제나 주어지는 것이지만, 우리가 행동해야만 받을 수 있을 때도 있다. 우리는 각자 은총을 받기 위해 어떻게 반응해야 하는가? 새로운 존재 방식과 함께, 지금 일어나는 일과 새로운 관계를 맺는 방식을 이해할 수 없다는 걸 기꺼이 받아들이는 것이다. 자신이 습성화된 존재 방식과 심리적 불안 사이에 있음을 발견하고, 그 상황에서 무엇을 해야 하는지 모른다는 걸 알아차릴 때 기회가 생긴다. 그 순간 그 불안을 기꺼이 받아들인다면 전환이 일어날 것이고, 은총이 일어날 것이다. 그런 까닭에 인생에서 가장 힘겨운 경험을 통해 개인과 인류가 도약적인 발전을 하는 경우가 많다. 우리는 절망에 빠져서 놓아버리는 때가 있다. 괴로움을 겪는 데 지쳐서 잠시도 더 지탱할 수 없을 때, 결과가 어떻게 될지 알지 못해도 기꺼이 놓아버린다. 우리는 괴롭다는 것을 알기 때문에 저항을 멈춘다. 우리가 그렇게 열리기 위해서는 절망의 행위, 혹은 신앙의 행위가 필요하다.

알지 못하는 걸 기꺼이 신뢰하는 것, 그것이 은총이다. 그것은 또한 깊은 기도의 핵심이기도 하다. 많은 그리스도교 신비주의자들이 말했듯이, 가장 깊은 기도는 신에게 우리가 원하는 것과 필요한 것을 요구하는 것이 아니라, 어떤 것에 대한 반응을 기다리며 침묵 속에서 듣는 것이다. 기도와 마찬가지로, 깊은 명상은 신앙과 신뢰의 행위이고 통제하려 하지 않는 행위이다. 그것은 어떤 물음에 대한 해답을 얻거나 어려움을 해결하기를 바라는 동시에 기꺼이 어딘가에서 해답을 '받으려' 하는 것이다. 그 '어딘가'를 신이라고 여기든 보편적 지혜라고 여기든 어떤 미지라고 여기든, 미개발된 의식의 차원은 중요하지 않다. 중요한 것은 내려놓음으로써 신뢰하게 된다는 것이고, 우리가 절망해야 신뢰하게 되는 경우가 많다는 것이다. 다른 선택이 모두 소용없어졌을 때, 우리에게 남는 건 가슴을 여는 것, 귀 기울이는 것, 그 상태에 응할 수 있는 것이다. 그렇게 단순히 응할 수 있는 자리에 이르기 위해서는 많은 슬픔과 갈등, 그리고 괴로움을 겪어야 할 수도 있다.

그때 우리는 혼란스럽다고 거듭 주장하는 대신 귀를 기울일 수 있고, 알지 못하는 것에 마음을 활짝 열 수 있다. 그 자체의 침묵이자 그 자체의 고요함이다. 그것은 수련하거나 노력해서 얻어지는 고요함이 아니다. 우리로 하여금 새로운 것, 상상조차 할 수 없는 것이 우리 안에서 일어날 필요가 있음을 기꺼이 알게 하는 지혜에 의한 고요함이다. 그건 3단계 계획처럼 우리가 만들어내는 것이 아니라, 우리 의식 깊은 곳에서 본질적으로 일어나는 것이다. 우리가 그것을 내면화할 때, 다시 말해 단순히 생각하거나 믿는 게 아니라 반드시 필요하다는 것을 알기 시작할 때, 그 고요함이 저절로 들리게 된다. 우리 몸이 민감한 악기가 되기 때문이다. 우리는 역경이나 혼란의 순간이나 정서적 격변기를 모면하려는 게 아니라 바로 우리가 있는 곳에, 미지의 언저리에, 새로운 존재 방식이 막 필요한 찰나에 있는 것이다.

더 깊이 귀 기울이고 더 깊이 응할 수 있는 상태가 될 때, 우리는 더 이상 지금 있는 곳에서 도망가지 않고, 지금의 상황과 느낌에서 도망가지 않고, 아무 의도 없이 그 상황을 받아들이게 된다. 미지의 것을 해결할 수 없다는 걸 받아들이려면 큰 겸손함이 필요하기 때문에 쉽지는 않지만, 우리는 그렇게 응할 수 있는 상태가 될 수 있다. 그것이 은총이 나타나는 환경이다. 은총은 난데없이 갑자기 나타나는 것 같지만, 우리는 그 '난데없음'에 다가갈 수 있어야만 한다. 은총을 무엇이라고 불러도 상관없다. 그것에 어떤 이름을 붙이는 것보다는, 우리가 거기에 응할 수 있어야 한다는 것을 깨닫는 게 더 중요하다.

은총은 언제나 있다. 하늘 위에 있는 수염을 기른 신이 은총을 내려주고, 은총을 받을 사람과 받지 못하는 사람을 선택하는 게 아니다. 은총을 받고 받지 못하는 유일한 차이는 '기꺼이 은총에 열려 있는가' 여부이다. 즉 위대한 통찰에도 집착하지 않고, 통찰이 비롯되는 지혜와 사랑에 현존하는 것이다.

놀라움의 요인

"지금은 놀라운 순간이란다.
이 순간이 얼마나 비범한지 너는 믿을 수 없을 거야."

● 　　　　은총이 드러나는 방식은 다양하고 광범위하다. 모세가 불붙은 가시덤불에서 신을 보았을 때를 생각해보라. 그것은 굉장한 은총의 순간이었다. 모세는 그 산에 오르면서 무엇을 보게 될지 알 수 없었을 것이다. 그런데 갑자기 불타는 가시덤불의 거대한 환상이 나타났고, 그때부터 그의 삶은 되돌릴 수 없이 변했다. 그는 선물을 받아서 산에서 내려왔다. 바로 삶과 현실에 대한 새로운 관점, 그리고 신에 대한 새로운 관점이었다. 이는 붓다가 보리수 아래에서 얻은 깨우침과 같은 것이다. 붓다는 거기 앉아서 "오늘 깨달음을 이룰 거야!"라고 생각하지 않았을 것이다. 은총에는 이런 놀라운 점이 있다. 애쓰지 않아도 일어나기 때문에 마치 우리가 어떤 것을 거저 얻은 것 같다는 점이다. 쉽든 어렵든 우리는 이 은총에 응할 수 있지만, 우리가 직접 은총을 일으킬 수는 없다.

　　다른 형태의 은총이 있다. 두 아이의 아버지인 내 친구는 첫 아이의 탄생이 자신을 영영 바꾸었다고 말한다. 첫 아기가 태어났을 때 그처럼 깊고 절절한 사랑을 경험할 수 있으리라고는 꿈에서도 상상하지 못했지만, 그 경험이 그의 인생의 방향을 바꾸었다. 그 경험은 너무 강력해서, 아내가 둘째 아이를 낳기 전에는 첫 아이 때 그처럼 비범하고 생생한 사랑을 경험했다는 사실이 의심스러울 정도였고, 그런 굉장한 경험이 다시 일어날 수 있다고 생각하는 건 말이 안 되는 것 같았다고 한다. 이것이 삶을 뒤바꾸는 진정한 은총이다.

일이 잘 풀리지 않을 때, 미지에 기대서 심오한 어떤 것을 받아들일 때 일어나는 은총이 있다. 어떤 일이 기대하거나 원하는 대로 되지 않을 때, 지금 일어나는 일과 일이 되어가는 방식에 진실로 응할 수 있다면, 은총에 열려 있을 수 있고 은총에 응답할 수 있다는 걸 알게 되었다. 삶의 궤적이 전보다 나아지기 시작하고, 길모퉁이를 돌면 꿈도 꾸지 못했던 것을 발견하게 된다.

거기에 우리가 거의 알아보지 못했던 은총의 순간이 있다. 그건 아침에 일어나 숨을 들이쉬고 팔을 뻗고 심장이 뛰는 걸 느끼는 선물 같은 것이다.(물론 선물처럼 여겨지지 않는 아침도 있다) 바로 이유 없이 일어난 은총이다. 우리가 어떤 일을 했기 때문에 일어난 게 아니고, 심장이 뛰고 폐가 숨 쉬고 손바닥으로 느낄 수 있는 것이 그러하듯 그래야만 하는 가치가 있기 때문이 아니다. 삶이라는 비범하고 압도적인 신비는 선물이고, 우리가 해야 하는 일은 그것을 받는 것뿐이다.

은총의 경험 가운데 자주 언급되지 않는 부분이 있다. 은총이란 받은 걸 되돌려준다는 의미라는 것이다. 은총은 양방향 도로와 같아서 내가 받는 선물인 동시에 남에게 주는 선물이다. 우리는 은총을 받고, 결국 은총을 주며, 은총을 더 많이 줄수록 그것을 받는 기회가 더 많이 생긴다. 그래서 은총은 그 순간을 실현하거나 표현하는 길을 찾을 때만 완성되는 원과 같다. 만일 그렇게 하지 않으면, 즉 은총을 소비하기만 하면 우리가 은총을 줄 때―우리의 시간과 주의를 기울이고, 의식의 순간과 진정으로 응할 수 있는 순간과 진실하고 애정 어린 알아차림의 순간을 줄 때―은총을 실현할 수 있다는 걸 알지 못한 채, 그저 은총이 일어나기를 기다리느라 많은 시간을 보낼지도 모른다.

내가 결코 잊을 수 없는 은총의 선물을 준 사람은 4학년 때 선생님이었던 보겔Vogel 박사였다. 선생님은 훌륭한 사람이었고, 내가 처음으로 만난 붓다였을지도 모른다. 선생님은 진정으로 깨달은 존재였다. 그 해에 우리 반 학생들은 모두 교실 앞에 나가서 발표를 해야 했다. 발표할 분량은 한 쪽 정도로, 그보다 길어도 짧아도 안 되었다. 내 차례가 되자, 전에 그런 걸 해본 적이 없었기에 걱정이 되었다. 교실 앞으로 나가 교탁 위에 원고를 놓고 다른 학생들을 바라보았더니 아이들의 눈이 내게 집중되어 있었다. 나는 겁에 질려 어쩔 줄 몰랐고, 원고를 내려다보았지만 입을 뗄 수 없었다. 너무 당황스럽고 두려워서 글자가 눈에 들어오지도 않았고, 그래서 공포가 더 심해졌다.

그때 나는 교실 뒤편에 있는 보겔 선생님을 쳐다보았다. 땅딸막했던 그는 깍지 낀 손을 커다란 배 위에 올려놓고 가장 인자하고도 행복한 미소를 짓고 있었다. 그렇게 그가 기쁨과 사랑으로

미소를 짓고 있어서 그의 의식이 내게 전달되는 것 같았다. 괜찮다고 하는 그의 생각이 내게 전해졌고, 마치 "애야, 지금은 놀라운 순간이란다. 이 순간이 얼마나 비범한지 너는 믿을 수 없을 거야."라고 말하는 것 같았다.

나는 몹시 당황하고 있었지만, 선생님의 표정은 내게 그 순간이 완전하다고 말하고 있었다. 선생님의 얼굴을 바라보고 그 생각을 알아차릴 수 있었다. 공기로 풍선을 채우듯이 선생님의 확신의 에너지가 내 몸 안으로 들어와 나를 채우는 걸 느끼며, 다시 원고를 보자 글자들을 읽을 수 있었다. 하지만 나는 그 원고를 읽는 대신 친구들의 눈을 바라보면서 자연스럽게 말하기 시작했다. 나는 10분 정도를 발표했는데, 그게 너무 쉽고 즐거워서 행복하고 평안하게 하늘을 둥둥 떠다니는 것 같았다.

그때 이후로 나는 아무리 많은 청중 앞이라 해도 어려움 없이 확신을 가지고 말할 수 있었다. 본래 수줍음이 많은 성격이지만 영적 교사의 역할을 할 수 있는 이유는 그 경험, 4학년 때 만난 보겔 선생님 덕분이다. 선생님은 내게 은총을 전해주었다. 많은 어른들이 두려움에 빠진 아이를 보면서 불편해하고, 우리는 그런 어른들을 보면서 더욱 공포에 떨게 된다. 하지만 보겔 선생님은 그러지 않았다. 선생님은 나를 보고 씩 웃었는데, 그건 나를 도우려 한 것이 아니라 '모든 것이 괜찮다'는 걸 알았기 때문이었다. 그는 존재의 깊은 곳에서부터 지금이 찬란하고 멋진 순간임을 알았고, 교실 뒤편에서 그 진실을 발하며 말없이 은총을 전해주고 있었다.

나는 그 일을 여러 번 회상했다. 그 일이 나에게 은총의 순간이었기 때문이 아니라, 보겔 선생님이 그 순간이 괜찮다는 것과 내가 괜찮다는 확신이라는 은총을 주고 있었기 때문이다. 내가 두려움에 빠져 있었을 때도 선생님은 나에 대해 온전하고 절대적인 믿음을 가지고 있었다. 우리는 삶에서 그런 사람을 만날 수 있다, 그렇지 않은가? 그리고 그런 사람이 있든 없든, 우리는 모두 자신 안에서 은총을 찾을 수도 있고, 우리가 은총의 특사가 될 수 있도록 겸손하고, 거만하지 않고, 고집스럽지 않은 태도를 의식할 수도 있다. 모든 사람에게는 자신만의 은총의 순간이 있다. 그건 영적인 것과 계시의 순간이 포함되지만, 거기에만 한정되지 않는다. 삶에는 은총을 받은 것 같은 때가 여러 번 있고, 우리가 은총을 이끌어내어 주위 세계에 줄 수 있는 기회는 끝없이 많다. 그런 식으로 조금씩 조금씩 우리는 보다 건전한 정신이 되고 더 자유로워지고 더 행복해진다.

근본적인 깨달음

순간순간의 모든 것은 다른 모든 것의 산물이다.

● 나는 가장 중요한 것, 즉 근본적인 깨달음과의 관계에서 은총의 개념을 살펴보고 싶다. '근본적'이라고 말하는 까닭은 그것이 지금 사실이고 늘 사실이었던 것에 대한 깨달음이기 때문이다. 현실을 예로 들어보자. 현실은 어느 순간 존재하다가 그 다음 순간 사라지고, 결국 나중에 다시 존재하게 되는 것이 아니다. 현실은 '언제나 이미' 실재한다. 이것이 근본적 깨달음의 핵심이다. 그것을 영적 깨어남, 깨달음, 혹은 다른 여러 이름으로 부를 수는 있지만, 일종의 은총으로서 경험한다.

근본적 깨달음을 늘 은총으로서 경험하는 이유는 그것이 저절로 일어나기 때문이다. 은총이란 '수고 없이 얻은' 좋은 것이라고 정의할 수 있었던 걸 떠올려보라. 우리는 은총이 일어나도록 할 수 없는데, 이런 생각을 깨달음에 적용하면 이해하기가 까다로워진다. 우리의 행동이 은총과 아무 관련이 없다거나 깨달음이 저절로 일어나는 순간이나 계시가 나타나는 순간과 아무 관련이 없다는 의미가 아니다. 만일 그렇게 생각한다면, 실재 자체의 본질을 오해하는 것이다. 실재의 깊은 비밀이 밝혀지면, 모든 존재 안의 모든 것이 상호 연결되어 있음이 드러난다. 그것을 '상호 존재'한다고 말할 수도 있다. 깨우침의 은총으로 우리가 알게 되는 것은 실재의 본질, 있음의 본질이다.

우리는 그것이 다름 아닌 자신의 존재이며 우리의 자아와 다르지 않음을 알게 될 것이다. 우리는 실재와 마주치면 그것을 불성, 그리스도 의식, 무한, 영 등 여러 이름으로 부르는데, 나는 이 맥락에서 실재를 '영spirit'이라 부른다. 영이 우리가 할 수 있는 모든 경험의 본질이기 때문이다. 바로 지금 이 순간을 포함해서 우리가 어떤 것을 경험하는 모든 순간은 영의 현현이고 그렇기 때문에 서로 잘 들어맞는다. 우리의 행동이 그 깨달음과 관련이 없다고 결론짓는 것은 옳지 않다. 그보다는 우리의 행동이 '직접' 은총이나 깨어남을 일으키는 건 아니라고 말하는 게 더 정확하다. 영적 추구를 하는 것과 자기 인식, 혹은 영적 깨어남이 일어나는 것 간에는 직접적인 인과관계가 없다. 하지만 우리가 하는 모든 일이 간접적으로 기여한다. 모든 것은 나머지 모든 것과 연관되기 때문이다. 그런 까닭에 어느 한 순간이 전 우주에서 지금 일어나거나 과거에 일어났던 다른 모든 것이다. 이것이 바로 모든 것이 상호 연관되어 있으며 모든 것은 나머지 모든 것의 원인으로서 참여하고 있다는 말이 의미하는 것이다.

만약 우리의 행동 및 영적 수행과 영적 깨달음 사이에 직접적인 인과관계가 있다면 '2+2=4'처럼 그 요소들을 깨달음에 이르는 공식으로 만들 수 있을 것이다. 하지만 그렇게 단순하지가 않다. 반대로 우리의 행동이 깨어남과 아무 관련이 없다는 이원론적인 생각도 사실이 아니다. 이는 모든 것이 상호 연결되어 있지 않다는 걸 의미하기 때문이다. 우리가 깊은 깨어남에 의해 경험하는 것은, 모든 것은 다른 모든 것이 일어나는 데 관여한다는 것이다. 내가 "비이원적 인과관계"라고 말하는 것이 그런 의미이다. 이 말은 지적으로 이해하려는 사람에게는 역설이지만, 보다 깊은 곳에서 보면─선禪에서 말하듯이 반야prajna의 지혜의 눈으로 보면─모든 것이 서로 연결되어 있음을 알 수 있다.

실재에 대한 이러한 관점은 삶과 은총으로 다시 돌아온다. 영적 깨어남의 은총만이 아니라 모든 은총의 순간으로 돌아온다. 우리가 이를 알아차릴 때도 있고 알아차리지 못할 때도 있지만, 은총은 항상 전체의 일부이다. 순간순간의 모든 것은 다른 모든 것의 산물이다. 이는 어떤 한 순간도 특별하게 만들지 않는다. 왜냐하면 '모든' 순간이 영의 드러남이기 때문이다. 그것이 깨어남이 밝혀주는 것이다.

처음으로 이러한 관점과 은총을 우연히 만났을 때, 나는 스물다섯 살쯤이었고 대단히 활기차고 의욕적으로 깨달음을 구하고 있었다. 나는 다른 원하는 것들을 구하듯이 깨달음을 구했다. 굳은 결심으로 열심히 노력해서 깨달음을 뒤쫓았다. 그 노력은 대부분 명상이었는데, 명상을 하면 많은 의구심과 많은 질문이 생겼다. 책도 상당히 많이 읽었지만, 그보다는 창조적 열망을 탐색하는 것에 대한 정보를 더 많이 모으려 했다. 나의 돌파구가 무엇이 될지 알지 못했지만, 나 자신과 삶을 다르게 인식하는 길이 있다는 걸 직관적으로 느꼈다.

그런 식으로 깨달음을 구하고 명상하면서 시간을 보내던 중, 어느 날 갑자기 인식의 문이 열렸다. 가장 놀라웠던 건 이미 실재의 본성이 항상 있다는 것이었다. 내가 찾고 있었던 실재가 이미 여기에 계속 있었다는 걸 깨달았던 것이다. 그리고 실재는 늘 여기 있었을 뿐만 아니라, '내가 바로 실재'였다. 여기서 '나'는 에고 혹은 인격이 아니라 깨어난 실재 자체인 '나'였다. 어떤 의미에서 나는 '나'인 줄 알았던 나 자신으로부터 깨어났다. 이것이 깨어남의 놀라운 점이다. 우리는 여기에서 우리 자신이 되어 영적 돌파구를 향해 분투하고 있는데, 그 돌파하려는 사람이 영과 분리되어 있지 않다는 걸 깨닫는다. 나는 실재와 깨달음을 뒤쫓고 있었는데, 내가 항상 그것이었다. 내가 그 실재였고, 내가 그 깨달음이었던 것이다.

명상 수행, 추구, 경탄, 호기심, 독서, 글쓰기, 그 밖의 다른 것들같이 내가 했던 것들이 그 명쾌한 순간을 불러일으켰다고 말할 수 있을까? 그 순간이 일어난 게 내가 노력한 덕분이라고 볼 수 있을까? 어떤 의미에서는 내가 그 순간을 일으킨 것은 아니기 때문에 그렇게 말할 수 없다. 우리는 실재를 일으키지 않는다. 그러나 내가 실재를 직접 일으킨 건 아니지만, 내가 한 모든 것은 의식 안에서 깨어나고 발생하는 것의 표현이었다. 보다 깊은 실재가 '이미' 일어나고 있기 때문에, 그리고 처음에 영적 노력 자체와 열망으로서 우리의 의식 안에서 일어나기 때문에, 우리는 영적 수행을 하게 된다. 그 열망이 깨달음의 결실이나 깨달음을 인식하는 것은 아닐지 모르지만, 깨달음이 일어나는 것이다. 깨달음이 의식 안에서 일어나기 시작하지 않는다면, 우리에게 아무런 열망이 없을 것이고 아무것도 상관하지 않을 것이다.

우리의 행동은 큰 영향을 미친다. 직접적인 원인이 아니라 간접적인 원인이긴 하지만, 우리에게 일어나는 영적 충동은 깨어난 의식이 삶 속에서 일어나는 것이다. 인식이나 깨어남의 깊은 순간을 만난 사람은 누구나 그것을 보지 않을 수 없다. 가장 놀라운 점은, 여기서 우리가 이미 우리였던 어떤 것을 찾고 있다는 것이다. 자신이 무엇인지 몰랐기 때문에, 마치 그것이 우리 아닌 다른 것인 줄 알고 찾고 있었던 것이다. 하지만 마치 실재(혹은 불성, 깨어남, 깨달음)가 지금 이대로의 우리가 아닌 다른 것인 양, 지금 이 순간 일어나고 있는 것이 아닌 다른 것인 양 실재를 추구함으로써, 우리는 무심코 실재를 피한다. 그런 의미에서 우리는 추구하고 있는 그것 때문에 이미 항상 사실인 것을 알아차리지 못한다.

바로 이 순간, 이 글을 읽고 있다는 알아차림, 밖을 내다보는 알아차림, 눈으로 본다는 알아차림, 주변 소리를 듣고 있다는 알아차림 등, 우리가 알려고 하기 전에 그 알아차림을 인식하는 것이 근본적 실재로 가는 관문이다. 그 알아차림이 곧 무한을 알아차리는 것이며, 그 알아차림 자체가 알아차린 무한이다.

지금 일어나고 있는 것에 더 현존하려 하는 알아차림 수행을 하는 것은 좋다. 그 수행에는 나름의 역할이 있지만, 내가 말하는 건 다른 것이다. 즉 주의력을 향상시키려 하는 것이 아니라 알아차림 자체의 본성 안에서 편히 쉬는 것이다. 그러면 우리는 다른 모든 것이 끊임없이 변하는 상태라는 것을 알게 된다. 그리고 어떤 것이 일어나든 일어나지 않든, 우리가 경험을 하든 하지 않든, 생각하든 생각하지 않든, 우리가 무엇이든 상관없이 우리는 항상 거기 있다는 것을 알게 된다.

우리는 항상 여기 있으며, 항상 여기 있는 유일한 것은 알아차림·의식이다. 그것은 모든 경험 안에 있고, 모든 보이는 것, 소리, 냄새, 맛, 감촉 안에 있다. 우리가 보고 냄새 맡고 맛보고 촉감을 느끼고 인식하는 어떤 것도 제거하려 할 필요가 없다. 그것을 제거하려 하는 것은 대상을 바꾸려는 것이고, 그러면 우리는 대상의 세계에 갇히게 된다. 자기 인식을 하기 위해서는 인식의 대상과 알아차림의 대상에 갇히기를 포기해야만 하고, 알아차림이 다시 자신을 인식하게 해야 한다. 알아차림은 자신을 인식할 때 열려 있고, 광대하고, 텅 비고, 주의 깊다.

언제든 알아차림을 인식한다면, 우리가 바로 알아차림 그 자체라는 걸 인식할지도 모른다. 알아차림이 모든 경험의 근거라는 것과, 경험이란 그 궁극적인 존재의 근거가 드러나는 것이라는 점을 알아차림이 인식할 수 있다. 그러므로 모든 것은 영이 드러나는 것이고, 알아차림이 드러나는 것이다. 이는 말일 뿐이지만, 이것이 조언이 되어서, 알아차림의 본성 안에서 쉬면서 동시에 추구하는 건 불가능하다는 것을 알게 되기를 바란다. 왜냐하면 무엇을 '추구한다'는 것은 알아차림 안에서 어떤 것이 일어나기를 추구하는 것이기 때문이다. 추구한다는 것은 미래의 일이고, 현재에 없는 것을 갈망하는 것이다. 반면에 우리는 직접적인 가르침이든 실재의 본성을 직접 가리키는 것이든, 미래를 단념하고 있다. 다른 때에 일어날지 모르는 어떤 것을 추구하기를 단념하기 때문에, 바로 '지금' 이 순간의 본성으로 깊이 들어갈 수 있다. 실재의 본성이 변함없기 때문이다. 실재는 항상 여기 있으므로 어떤 상태도 괜찮고, 어떤 경험도 괜찮다. 영의 밖에 있는 건 아무것도 없기 때문이다. 더 좋은 순간이나 더 좋은 상태를 찾을 필요가 없다. 우리가 현재 순간으로 깊이 들어갈 때, 모든 순간이 알아차림의 빛, 의식의 빛으로 넘치고 있음을 알게 된다.

알아차림으로 계속 깊이 들어가면, 소위 '세상'이라는 것은 생각일 뿐이고, 알아차림의 표현이자 영의 표현임을 인식하게 될 수도 있다. 이런 인식은 우리가 현재의 알아차림에서 편히 쉴 때 일어난다. 깨달음은 이처럼 단순하다. 길이 있다면, 그것이 바로 길이다. 다시 현재 순간의 본성으로, 알아차림으로 깊이 들어가려는 소망을 가지는 것은 은총이다. 그 소망은 어디에서 왔는가? 기꺼이 그렇게 하려는 마음은 어디에서 왔는가?

궁극적인 은총은 매 순간이 은총이며 그 자체가 기적임을 아는 것이다. 순간순간을 그렇게 경험하는 것은 선물과 같다. 우리에게 필요한 것은 거기에 자리 잡고 우리의 존재의 본성을 인식하는 것이다.

세상 가장 큰 슬픔의 도전을 받다

자기 존재의 한가운데에 앉아 있으려면 많은 신념이 필요하다.

●   역경은 우리를 은총의 순간으로 열어주고, 역경 속에서 우리는 사물의 표면 아래, 겉모습 아래 있는 큰 생명력을 떠올리게 된다. 은총에 대해 말할 때나 우리가 그 일부이고 그것이 곧 우리라는 실재에 대한 보다 큰 인식으로 돌파하는 순간에 대해 말할 때조차, 우리는 은총을 대단히 기분 좋은 것, 적어도 우리가 살고 있는 환경보다 기분 좋은 것으로 여기게 된다. 우리는 역경에서 벗어날 수만 있다면, 매일매일 일어나는 일들로 어려움을 겪지 않을 수 있다면, 더 좋은 기회를 통해 은총이 일어나는 순간을 맞을 것이라고 믿는다. 그리고 있는 그대로의 자신과 실재에 대한 보다 큰 인식에 더 활짝 열릴 수 있을 것이라고 믿는다. 하지만 실제로 은총이 나타나는 순간은 그런 생각과 전혀 다르기 때문에, 그런 상황이 은총과 영적으로 크게 발전하는 데 도움이 된다고 생각하는 것은 흥미로운 일이다.

물론 고요하고 편안하고 안전할 때 은총과 깊은 이해의 순간이 일어날 수도 있다. 아무런 방해도 받지 않는 조용한 날 숲속을 거닐 때, 그리고 있는 그대로의 우리라는 더 큰 실재에서 편히 쉴 수 있게 해주는 자연을 인식하고 큰 고요에 머무를 때 은총이 일어날 수도 있다. 하지만 20년 이상 사람들을 가르쳐온 결과, 큰 도전에 마주칠 때 은총이 함께 오는 경우가 많다는 것을 알게 되었다. 인생의 위기에 직면할 때나 도무지 어찌 해야 할지 모르는 상황일 때, 또 일상적으로 대처해도 소용없고 아주 낯선 곳에 있을 때 은총이 일어나는 경우가 많았다. 그런 어려움은 사랑하는 사람을 잃거나 직장을 잃었을 때, 심한 병에 걸렸을 때, 어떻게 이끌어 내야 하는지 도저히 알 수 없는 내면의 능력에 의지할 수밖에 없을 때 등이다.

모든 위대한 종교 전통마다 그런 이야기들이 있다. 붓다가 좋은 본보기이다. 붓다는 생로병사와 괴로움을 피할 수 없는 인간 존재의 딜레마에 대한 해답을 찾으려 했다. 그는 모든 사람이 언젠가 인식하게 되는 것, 즉 삶에는 많은 괴로움이 있다는 사실을 보고 수행의 동기를 가지게 되었다. 당시에는 진지하게 영적 탐구를 하려는 사람은 세속적인 것을 모두 포기하고 고행자가 되는 게 일반적이었으므로, 붓다는 왕궁과 아내와 자녀를 떠나 왕자로서의 편안한 삶과 부를 모두 버린 다음, 의문에 대한 답을 찾아 떠났다. 6년 동안 단식과 고행 같은 몹시 힘겨운 영적 수행과 수련을 하고 종교적 가르침들과 다양한 명상법에 통달했지만, 그는 찾고 있는 답을 발견하지 못했다는 진실에 직면해야만 한다는 걸 깨달았다.

그런데 크게 절망한 그때가 붓다의 전환점이었다. 우리가 어떤 것을 탐구하려고 인생의 모든 것을 포기하고, 당대의 위대한 스승들과 함께 수행하고 연구하며 열심히 노력했지만, 몇 년을 찾아다닌 후에도 결국 찾던 것을 발견하지 못했다는 사실을 깨달았다고 상상해보자. 얼마나 절망스럽겠는가? 게다가 붓다는 금욕적인 수행으로 몸을 혹사시켜 피골이 상접하였고 거의 굶어 죽을 지경이었다. 우리는 보리수 아래 앉아 있는 붓다의 모습은 잘 알지만, 그가 보리수 아래 앉게 된 까닭이 이런 위기에 처했다는 고통과 어떻게 타개해야 할지 알 수 없는 곳까지 몰렸던 내면의 괴로움 때문이었다는 사실은 자주 잊어버린다. 그 역경 속에서 붓다는 자신이 깨달음에 대한 새로운 시각과 삶을 연결해주는 신비스럽고 강력한 은총이 동트는 순간에 다가가고 있다는 걸 몰랐다.

보리수는 코란에 나오는 불멸의 나무나 성경의 창세기에 나오는 지식의 나무와 매우 유사한 생명의 나무를 나타내는 신화적인 모티브이다. 아담과 이브는 그 나무에서 열매를 땄지만, 붓다는 아무것도 따지 않고 그냥 그 아래에 앉아 있었다. 그는 삶의 가혹한 현실과 '함께' 앉아 있었다. 그는 삶에 헌신했지만, 우리가 보통 헌신한다고 말하는 것처럼 있는 힘을 다해 밀어붙이는 방식이 아니었다. 그 대신 존재의 뿌리에 앉아서 인간 존재의 피할 수 없는 현실에 대한 해결점을 찾으려 했고, 마침내 깨어났다. 그렇기 때문에 보리수 아래 앉아 있는 붓다의 모습은 그 자체로 하나의 가르침이다. 커다란 장애물을 만났을 때, 내면에서 어떻게 나아가야 하는지 알 수 없는 곳을 발견했을 때, 피할 수 없는 고통스러운 경험을 할 때, 우리는 '바로 거기에 앉아야' 하고—그 경험의 뿌리에, 생명의 나무의 뿌리에 앉아—'고요'해야 한다. 이것은 쉽지 않지만 위대한 가르침이다. "역경의 한가운데에서 고요하라. 그리고 그 순간 일어나는 모든 것에 응할 수 있게 되어라."

고요하라는 건 움직이지 않고 가만히 있거나 마음을 가라앉히는 행위가 아니다. 모든 순간 일어나는 것에 우리가 응할 수 있게 되는 것이다. 우리는 완전히 열려 있을 때—어려운 일이지만—삶에 맞서 싸우기를 중단하고, 어떤 상황에 있어도 그것에 거스르기를 중단하고, 발견할 가능성이 생긴다. 여기에서 은총의 큰 움직임이 일어날 수 있다. 우리가 지금 있는 것으로부터 도망가기를 멈추고, 그것이 미지일지라도 그 한가운데에 앉아 있으며, 보다 깊은 이해에 도달할 수 있게 된다.

자기 존재의 한가운데에 앉아 있으려면 커다란 신념이 필요하다. 그 신념은 어떤 교리나 가르침, 혹은 어느 스승이 곧 진리라고 여기는 '신앙'과는 다르다. 사실 신앙은 하나의 믿음이고, 삶을 해석하는 법과 삶에서 편안함과 안전을 찾는 법을 알려준다. 그리고 믿음은 진정한 신념, 즉 진정한 신뢰에서 우리 자신을 격려하는 법을 제공한다. 하지만 가장 진정한 의미의 신념은 그렇지 않다. 신념은 우리로 하여금 믿음을 내려놓게 하고, 우리가 경험하는 매 순간을 관념적인 모델—이해하기 쉽게 만드는 것 같고, 우리가 통제할 수 있도록 하는 것 같고, 또 위기에 처할 때마다 일어나는 불안감을 덜어주는—로 해석하는 습성을 놓아버리게 한다. 우리의 위기는 일이나 인간관계의 어려움일 수도 있고, 병이나 사랑하는 이의 죽음, 심지어 임박한 자신의 죽음일 수도 있으며, 세상에 만연한 슬픔 때문에 매우 괴로운 마음일 수도 있다. 이런 많은 일들 때문에 우리는 위기에 몰려 있고 어찌해야 할지 모르겠다고 여길 수 있다.

　복음서 속 예수에게 일어난 일이 그런 것이었다. 그는 적극적이고 역동적인 삶을 살았다. 그는 고행자가 아니었고, 붓다가 아니었고, 수도회를 찾지도 않았지만—그는 세속에 머문 사람이었다—혼자 있는 것이 필요할 때가 있었다. 복음서 이야기에 따르면, 처음에 예수는 요르단 강에 있는 세례 요한에게 세례를 받았다. 그러자 하늘이 열리고 하느님의 영이 비둘기처럼 예수 위에 내려왔다. 위대한 영, 깨어남이 예수에게 들어가는 순간이었다. 그 후 예수가 처음으로 한 일은 사막으로 가는 것이었다. 혼자 있어야만 한다고 느꼈기 때문이다. 그는 사막으로 가서 자신에게 내려진 영의 영광을 듬뿍 받으며 이에 대해 오래도록 숙고하겠다는 생각을 했을지도 모르지만, 다른 일이 일어났다. 예수는 위기에 처했고 도전을 받았다. 예수의 일대기에서는 이를 악마의 짓이었다고 표현하였다.

　붓다와 예수는 도전을 받았고, 그것을 이겨내고 일어나야만 했다. 다시 말해, 그들은 큰 격변의 한가운데서 은총을 발견했다. 예수는 삶이 끝날 때까지 반복해서 도전과 격변을 겪었다. 십자가 형을 받기 며칠 전, 겟세마네 동산에 있을 때도 예수는 무슨 일이 일어날지 알았으므로 울음을 터뜨리며 하느님에게 간청했다. "이 잔을 제 입술에서 거두소서." 이는 "제가 어떻게 해야 이 시련에서 벗어날 수 있습니까?"라는 말의 시적인 표현이다. 우리가 어려운 문제에 맞닥뜨리거나 압도당했을 때, 그 장애물을 치워 달라고 요청하거나 바라는 것이 인간적인 반응이지만, 영적 가르침은 그 순간에 어떻게 대처하고 어디에 의지해야 하는지 알려준다. 보편적인 이야기 가운데 하나는 기꺼이 도망가거나 피하려 하지 않는 것이다. 예수는 하느님에게 그 상황을 모면할 수 있는지 물었지만, 그 말을 한 후 곧 내면의 평정을 되찾았고 이렇게 말했다. "하지만 하느님의 뜻이 이루어지게 하소서." 이 말은 예수가 보다 깊은 존재감에 의지해서 자신의 운명인 무시무시한 위기를 기꺼이 받아들이는 것 같다. 생각해보라. 십자가형은 가장 끔찍하게 죽음을 맞는 길인데, 예수는 자신에게 그 일이 닥칠 것을 알았다.

　　예수와 붓다의 이야기에서는 많은 이미지가 극적으로 표현되고 과장되지만, 그래도 요점을 놓치지 말아야 한다. 여기에서는 우리가 도전 받았을 때 은총을 발견하는 것에 대해 중요한 가르침을 전해준다. 인생에서 가장 어려운 순간에 우리가 도저히 만들어낼 수 없는 은총으로 다가가고 은총이 열릴 수 있는 기회가 온다. 다시 말해, 우리는 역경의 순간을 만나서 '예'라고 대답할 수도 있고, 반대로 불안을 지나칠 수 없기 때문에 '아니요'라고 말하거나 주저하거나 불평하거나 두려워할 수도 있다. 역경을 겪으며 '예'라고 말할 수 있다면, 역경을 피하려 하거나 대충 얼버무리려 하지 않는다면 그곳에서 더 깊은 것이 일어날 것이고, 우리는 자신의 한계에 대해 마음이 열릴 것이다. 그것이 은총이다.

나는 아버지를 보면서 그런 은총을 경험했다. 아버지는 생의 마지막 5년 동안 심장마비와 뇌졸중을 앓았고, 암 말기 진단을 받은 지 두 달 만에 돌아가셨다. 뇌졸중에서 회복되고 있을 때, 아버지는 당신이 임사 체험을 했으므로 죽음에 대한 두려움이 없어졌다고 말했다. 그런 의미에서 뇌졸중은 아버지에게 큰 은총이었다. 하지만 한동안 몸의 기능을 많이 상실해야 했기에 뇌졸중은 감당하기 힘들었다. 몸의 기능이 차차 상당히 되돌아왔지만 완전히 회복되지 못했고, 여전히 한쪽 팔과 손을 움직일 수 없었다. 그렇지만 아버지는 "뇌졸중이 내 생명을 구했다."고 말했다. 자신의 경험을 그렇게 말하는 건 놀라운 일이다. 아버지는 뇌졸중이라는 역경을 통해 새롭게 살아났던 것이다. 아버지는 언제나 찾고 있던 것을 마침내 발견했다. 진정한 사랑의 경험이었다. 그건 외부에 있는 사랑이 아니라 내면 깊은 곳에 있는 어떤 것이었다. 생의 마지막 몇 년 동안 아버지는 방에 들어오는 사람들에게 사랑한다고 말하는 걸 잊지 않았고, 모든 사람에게 그렇게 말했다. 아버지는 몸을 예전처럼 움직일 수 없었고 정신도 전처럼 또렷하지 않은 상태여서 우울한 역경의 시기를 겪고 있었지만, 내내 모든 것이 괜찮다는 뜻을 표현했고 감사했으며, 지체 없이 주변 사람들에게 그런 마음을 전했다.

　뇌졸중은 대부분의 사람들이 결코 일어나지 않기를 바라는 질환이다. 뇌졸중으로 인해 아버지는 큰 어려움을 겪었지만, 그것은 은총이었고 진실로 그의 생명을 구했다. 뇌졸중 덕분에 아버지는 모든 사람과 모든 것에 깊이 감사할 수 있었다. 암으로 돌아가시기 전 마지막 몇 달 동안 아버지는 언제든 기꺼이 내려놓으려 했다. 그리고 마침내 그 순간이 왔을 때, 아버지가 내려놓은 행위는 대단히 아름다운 일이었다. 아버지가 경험한 심장마비, 뇌졸중, 심한 종양은 큰 은총이었다.

　근본적인 신념을 발견할 수 있다면(때때로 깊은 신념은 가장 큰 실망과 불신에서 나오기도 한다), 도전에 정면으로 맞설 수 있다면, 다시 말해 역경에서 빠져나오려 하지 않고, 희생양이 되지 않고, 복잡한 신학이나 심리학으로 해명하려 하지 않고, 피할 수 없는 삶의 한 부분에 마음을 활짝 연다면, 그렇다면 우리는 두 팔 벌려 은총을 맞이할 것이다. 삶이 우리에게 무언가를 가르쳐준다면, 그 가르침은 바로 우리가 삶을 통제할 수 없다는 것이다. 깨달음은 삶을 통제하고 최대한 이득을 얻으려는 마음을 내려놓을 수 있게 해준다. 그러면 우리는 은총에 응할 수 있고 새로운 관점을 얻을 수 있다. 그리고 거기에서 삶을 온전히 받아들이는 능력을 발견하여, 어느 날 가장 어려웠던 경험을 돌아볼 때 그것이 가장 큰 선물이었음을 알게 된다. 우리가 피하려 하는 상황이 깨어남에 이르게 하고, 삶을 보고 경험하며 자신을 경험하는 새롭고 더 넓은 길로 이끌어준다.

여러분의 삶이 여러분을 끊임없이 계시의 순간으로 이끌어주기를 기원한다.

중대한 순간

'모름' 안에서 쉬어라.

● 　　　우리가 어떤 결정을 하고 어느 방향으로 가느냐에 따라 상당히 많은 것이 달라질 때가 있다. 나는 그런 때를 '중대한 순간vitality moment'이라고 부른다. 우리는 그런 순간에 처했을 때 자신의 선택이 중대하다는 것을 이해할 때도 있지만, 그 순간이 중대한지 알아보지 못하기도 한다. 그 순간이 지나간 후에야 백미러를 보듯이 되돌아보고서 대단히 중요한 순간이었음을 알아차리는 것이다.

영적인 모색을 하는 가운데 중대한 순간을 탐구할 수 있다. 일부 위대한 영적 존재들의 신화를 살펴보면, 그 이야기 속에는 언제나 중대한 순간이 있다. 가장 먼저 생각나는 사람은 붓다이다. 그는 자신이 아는 삶과 가족을 떠나 인간 존재의 본질에 대한 의문의 답을 찾기 위해 고행자가 되었다. 그가 괴로움, 병, 늙음, 죽음과 적나라하고 절실한 관계를 맺게 되었을 때, 그는 모든 것이 그렇게 끝나게 된다는 것을 알았다. 그의 반응은 보편적인 반응이었다. 즉 우리는 성장하면서 어느 나이가 되면 죽어야 하는 운명에 직면하고, 삶이 확실히 보장하는 몇 가지 중 하나가 죽음이라는 사실을 받아들인다. 그 사실이 붓다에게 중대한 순간, 즉 전환점이었다. 그리고 그때 그는 인간 경험의 근본적인 면을 알아차렸다. 바로 모든 것은 변하고 영원한 것은 아무것도 없다는 것이다. 어떤 면에서 중대한 순간은 삶에서 분명한 부분이지만, 그것을 깊고 심오하게 경험하는 사람은 많지 않다. 그래서 마치 우리가 중대한 순간을 알아차렸지만 일부러 초점을 바꾸고 눈길을 돌리거나 다른 것을 생각하는 것처럼 보일 정도이다. 하지만 붓다는 그렇게 하지 않았다. 그는 삶에서 피할 수 없고 반드시 일어나는 부분인 큰 신비, 즉 괴로움 속으로 뛰어들었다. 붓다의 전 생애는 자신이 관찰한 것에 어떻게 반응했느냐에 따라 결정되었다.

신의 인도는 언제나 속삭임처럼 일어난다. 큰 소리로 외치거나 강하게 주장하지 않는다. 그리고 우리는 자신이 있는 곳을 받아들이기 전에는 신이 속삭이듯이 알려주는 것을 들을 수 없다. 그러므로 자신이 있는 곳을 알고 거기에 내맡겨라. 그리고 때로는 소용없는 것이 무엇인지 아는 게 매우 중요하다는 것과, 자신이 모른다는 걸 아는 것보다 더 많은 걸 알 필요는 없음을 깨달아라. 우리는 불안의 한가운데서 멈출 수 있다.

중대한 순간에 이르렀을 때, 붓다가 처음 한 일은 고된 수행의 길에서 벗어나는 것이었다. 강가에 있던 붓다는 몹시 수척해졌고 굶어 죽을 지경이었다. 그때 한 여인이 우유와 음식을 주었고 그는 그것을 받아먹었는데, 이는 당시에 성스러운 수행자들에게 금지된 행위였다. 음식이라는 그 여인의 자비심을 받아들였을 때, 붓다는 영적인 추구를 하는 사람이 해야 하는 일과 해서는 안 되는 일에 대한 세계관을 모두 포기해야만 했다. 그는 그 패러다임의 밖으로 나가야 했지만 그렇다고 다른 계획을 가지고 있지도 않았고, 자신이 구하고 있던 것을 아직 발견하지 못했음을 알았다. 그가 알았든 몰랐든, 붓다가 고행의 규칙을 일부 위반했기 때문에 그의 영적 탐구 전체의 경로가 변했다. 그러므로 이 순간은 중대한 순간이었다!

그것이 중대한 순간이었던 이유는 단지 무엇이 소용없는지 알았기 때문만이 아니라 붓다가 여인의 도움을 받아들였기 때문이다. 이전에 그가 하지 않으려 했던 일이었기 때문에 그때가 중대한 순간이었고, 그의 영적 삶을 바꾼 결정이었다. 나는 붓다가 당시에는 이를 몰랐거나 이해하지 못했지만, 그래도 자신의 내면 깊은 곳에서 나오는 진실의 목소리를 따랐던 것이라고 생각한다. 그래서 그는 보리수 아래 앉아 깨달음에 도달하기 전에는 한 걸음도 움직이지 않겠다고 선언했고, 거기서부터 이야기는 계속된다.

우리가 멈추었을 때, 혹은 비극이나 역경 같은 것이 우리를 멈추게 할 때, 그리고 우리가 살고 있는 방식을 재정립해야만 한다는 걸 재평가하고 알아차릴 때 전환이 일어나곤 한다. 우리의 정체성을 완전히 재정립해야 할 때도 있을 것이다. 그리고 그런 전환은 영적으로 발전한 존재에게만 일어나지 않는다. 그것은 모든 사람에게 일어나는 일이기 때문이다. 그런 순간은 다소 자주 일어난다. 우리가 그 중요성을 알아차린다면 그 순간이 올 때 그것이 큰 도전이면서 동시에 큰 기회임을 알 수 있다. 그러므로 우리가 어떻게 응답하느냐가 중요하다. 빠른 해결과 빠른 해답을 바라거나 누군가가 불안에서 우리를 구해주기를 바라는가? 아니면 붓다가 그랬듯이 그 순간에 자리 잡고 자기 자신을 만날 길을 찾는가? 우리는 지금 일어나는 것, 인간적인 경험, 혹은 결심하지 못하게 만드는 특성—의심, 두려움, 주저, 우유부단함, 그 순간에 전적으로 투신하지 못하게 하는 모든 습성 등—을 살펴볼 수 있다.

그런 순간이 언제 오는지 우리는 전혀 알 수 없다. 어떤 순간은 중대하고 어떤 순간은 그보다 훨씬 사소하다. 하지만 사소한 순간들이 중요하고 명백한 순간보다 덜 중요하다고 여기면 안 된다. 왜냐하면 사소한 순간들에 주의를 기울이면 중요한 위기의 순간에 주의를 기울이는 능력을 기를 수 있기 때문이다. 그래서 대부분의 영적 전통들에는 그다지 의미심장한 일이 일어나지 않는 것 같은 때에도 삶에 주의를 기울이게 하는 다양한 방식이 마련되어 있다. 중대한 순간이 지금 우리 삶에서 일어나고 있으며, 의식적으로든 무의식적으로든, 그 순간들과 어떤 관계를 맺을지에 대해 결정하고 있다는 것을 인정하고 깨달을 때, 삶에 주의를 기울이게 된다.

여러분은 삶이란 신비가 펼쳐지고 이를 발견하는 모험이라고 여기며 관계 맺고 있는가? 자신에게 있는 지혜와 사랑의 엄청난 능력을 접하고, 친밀하고 생기 있게 삶을 경험하는가? 어떤 순간의 중대함을 알아차리기 시작하고 그것을 의식할 때, 우리는 인간으로서 비범한 능력을 가지게 된다. 그런 중대한 순간들은 삶에서 매우 자주 일어나고, 이 순간은 깨어남과 변화가 일어날 수 있는 기회이다. 그러므로 우리는 거듭 중대한 순간에 일어나는 불안을 받아들여야만 하고, 그럼으로써 중대한 순간과 우리 자신을 신뢰하게 되어야만 한다. 중대한 순간에서 우리에게 필요한 것은 다음 단계를 알고 기꺼이 받아들이는 것이다. 그런데 역설적으로, 다음 단계가 무엇인지 '모르는 것' 안에서 쉴 수 있고 또 그것이 변화의 과정과 밀접한 관계가 있는 부분임을 알아차릴 수 있을 때, 다음 단계에 대한 앎이 생긴다.

불확실성 속에 있는 깊은 지혜

움직이든 떨어지든

● 　　　중대한 순간들은 두려움의 경험에서 비롯되기도 한다. 우리가 잘 알고 있듯이 매우 다양한 두려움이 있지만, 두려움과 불안의 경험 중 어떤 측면은 계시적일 수 있다.

나는 암벽 등반을 많이 했었다. 한번은 등반 동료와 캘리포니아의 시에라네바다 산맥에 있는 약 230미터 높이의 '러버스리프Lover's Leap'라는 암벽을 오르고 있었다. 그날은 내가 앞장서고 있었는데, 그게 뒤따르는 것보다 위험한 일이었다. 선두 등반가는 밧줄을 가지고 가서, 바위틈에 확보물[등산할 때 추락에 대비하여 사용하는 방호용 장비 - 편집자]을 끼워 넣은 후 거기에 밧줄을 건다. 만일 선두 등반가가 추락하면 바위틈에 끼워 넣은 확보물이 밧줄을 붙잡아주고, 이에 더하여 등반 동료의 벨트에 있는 기계 브레이크가 작동해서 추락을 막아준다. 만일 선두 등반가가 확보물을 바위틈에 단단히 고정하지 않았거나 적절한 곳에 끼워놓지 않았다면 확보물이 빠질 수 있기 때문에 위험하다. 그렇게 되면 선두 등반가는 단단히 고정된 확보물이 있는 곳까지 계속 추락한다. 예를 들어 그가 마지막 확보물에서 3미터를 올라갔다고 해보자. 만약 거기서 추락하게 되면 일단 올라간 3미터만큼 떨어지고, 느슨해진 밧줄 길이만큼 3미터를 더 떨어진 다음에야 밧줄이 팽팽해져서 추락이 멈춘다. 결국 6미터를 떨어지게 되는 것이다. 다시 말하지만, 확보물이 단단히 박혀 있다고 가정한 경우에서다. 이렇게 위험이 많은 활동을 할 때, 우리의 선택은 더 이상 이론에 그치지 않는 상황에 처한다. 그 선택에 따라 심하게 다치거나 죽을 수도 있기 때문이다. 인생도 마찬가지다. 우리는 자신에게 일어나리라고는 짐작도 못한 상황에 처하게 될 수 있다.

선두 등반가로 러버스리프를 올랐을 때, 나는 어려운 구간에 이르렀다. 소위 '오프 위드 크랙off-width crack'[어깨가 들어갈 정도로 넓게 갈라진 바위틈 - 편집자]을 만난 것이다. 바위틈이 너무 넓어서 손을 끼우고 몸을 끌어올릴 수도 없고, 그렇다고 다리나 상반신을 끼워넣고 올라갈 수 있을 만큼 넓지도 못한 곳 말이다. 그곳을 어떻게 지나가야 할지 도무지 알 수 없었다. 나는 그 수직 암벽에서 주먹을 바위틈에 끼워서 떨어지지 않게 한 채로, 어떻게 해야 할지 고심하고 있었다. 시간이 지날수록 팔과 손가락이 아파왔으므로, 나는 그곳을 지나가려고 필사적으로 애쓰기 시작했다. 안전을 확보한 지점은 6미터 아래에 있었기 때문에, 떨어진다면 적어도 12미터를 추락할 것이었다. 무시무시한 높이인 데다, 밧줄에 매달린 반동으로 인해 암벽에 충돌해서 크게 다칠 수도 있었다.

나는 그 오프 위드 크랙 하나를 통과하려 애쓰면서 족히 15분 동안 거기 있었다. 그러다 어느 순간, 그 바위틈에 확보물을 설치하는 게 더 낫다는 걸 깨달았다. 처음부터 그랬어야 했다. 바위틈에 스프링 캠 기구spring loaded camming device[스프링을 이용하여,

바위틈에 알맞게 물려 지지하는 방호용 등산 장비의 한 종류 - 편집자)를 넣었고, 밧줄을 당겨 그 확보물에 끼우려고 했다. 그런데 너무 지쳐서 다리 사이로 밧줄을 잡아당길 수 없었다. 밧줄이 무거웠기 때문일 수도 있고, 밧줄이 많은 확보물들을 통과해야 했기 때문에 그것이 방해가 되었을 수도 있다.

밧줄을 끌어올려 확보물에 끼워 넣을 수 없다는 걸 알았을 때, 정말 곤경에 처했다는 걸 깨달았다. 다리가 후들거렸고 숨쉬기도 힘겨워져서, 내가 완전히 지쳐서 추락하기까지 15초 정도밖에 남지 않았다는 걸 알았다. 나는 이렇게 생각했다. '움직여야 해, 그것도 지금 당장. 움직이든 움직이지 않든 떨어지는 건 마찬가지라면 시도는 해봐야지.'

그래서 나는 움직였고, 그 결과는 놀라웠다! 단 몇 초 만에 그토록 힘들었던 구간을 통과했다. 나는 작고 안전한 돌출부에 도달했고, 거기 앉아서 힘을 회복하기 위해 몸을 묶었다. 한 5분쯤 앉아 있는 동안 몸에서 아드레날린이 줄어들어서 급하게 뛰던 심장이 정상으로 돌아왔고, 나는 '하느님께 맹세코, 다시는 이런 걸 하지 않을 거야'라고 생각했다. 그 다음에 파트너를 밧줄로 끌어올렸고, 등반의 후반부는 즐거웠다. 결국 그날은 기분 좋은 날이 되었다.

그 경험의 결실 몇 가지가 나를 매혹했다. 첫째는 그 경험이 우리가 어디로 가야할지 모르는 곤경에 빠지는 극단적인 예라는 것이었다. 우리는 "앞으로 나아갈 수 없을 것 같아. 어디로 움직여야 할지 모르겠어."라고 말하게 되는 상황에 처할 수 있다. 그러면 두려움이 생기고, 전혀 움직일 수 없게 되기 십상이다. 만일 그 상황을 그대로 둔다면 두려움이 너무 심해서 무엇을 선택해야 할지 모르게 되는 것 같다는 데 누구나 동의할 것이다.

나는 그 암벽 위에서 움직이든 떨어지든 둘 중 하나를 선택할 수밖에 없는 궁지에 몰려 있었다. 두 가지 선택지가 주어졌을 때 내 안의 어떤 것이 변했다. 변한 건 내 마음이 아니었다. 나는 거기에 앉아서 오프 위드 크랙을 가장 안전하게 넘어가는 방법을 궁리하고 있는 게 아니었다. 그때 나는 다리가 후들거렸고 점점 녹초가 되고 있었다. 남은 시간이 거의 없었다. 나는 내면 더 깊은 곳에 있는 것에 다가갈 수 있었지만, 다른 선택을 할 수가 없어서 절대적으로 거기에 다가가야만 할 때가 되어서야 그렇게 했다. 유일하게 남은 선택은 '내려놓고 움직이는' 것뿐이었다. 일단 내려놓자 주저할 여지가 없었다.

어느 순간, 우리에게 행동을 강요하는 상황에 맞닥뜨릴 때가 있다. 나는 수년간 정말 긴급한 상황에 빠졌던 경험에 대해 말하는 사람들과 이야기를 나누었다. 누군가의 생명이 위태로웠던 때, 누군가 다쳤을 때, 즉시 단호하게 행동할 수밖에 없게 하는 일이 일어났을 때 등 그 결과가 중대했지만, 그런 생각을 할 틈조차 없는 상황 말이다. 그 사람들은 두려움이 그들을 약하게 만드는 걸 초월했을 때 어떤 행동이 그들을 '통해' 일어나는 것 같았다고 말했다. 우리는 대개 그런 순간을 겪었고, 당시를 되돌아보면 그때 엄청나게 중요한 일이 일어나고 있었음을 깨닫는다. 두려움을 내려놓으면 그렇게 놀라운 행동과 반응을 할 수 있게 하는 어떤 것이 인간의 내면에 있다는 사실에 우리는 깜짝 놀라게 된다. 반드시 행동해야만 하는 순간에 우리는 자신을 초월하고 있었다.

붓다는 두려움으로부터 신념으로의 그런 도약, 혹은 어떤 상황에 대한 최선의 선택을 '바른 행위right action, 正業'라고 말했다. 미리 계획하지 않고 저절로 일어나는 행위이다. 이는 에고가 아니라 다른 곳에서 비롯된다. 우리의 존재와 통합된 행위, 지혜, 사랑, 자비의 차원이다. 우리는 의식적으로 그 행위와 접촉할 수도 있고 접촉하지 않을 수도 있지만, 어쨌든 그것은 존재한다. 암벽 위에서 있었던 순간은 우리의 마음이 이해하고 예상할 수 있는 것을 넘어선 어떤 일이 일어날 수 있다는 것을 내게 가르쳐주었다. 거기에 이용할 수 있는 자원이 있고, 우리가 충분히 신뢰할 수 있다면 그곳에 도달할 수 있다. 러버스리프 암벽 위에 있을 때, 나는 극단적인 상황에서 죽음에 대한 깊은 두려움을 통해 그곳에 다가갔다. 그 경험은 남은 시간이 없고 행동해야만 할 때, 어떤 것이 나를 '위해' 행동한 것이나 마찬가지였다는 걸 보여주었다. 어떤 것이 그 상황에 뛰어들어 나를 위해 그렇게 했던 것이다.

선불교에는 마치 수수께끼 같은 역설적인 질문인 '공안'이 있다. 스승이 제자에게 공안을 제시하면 제자는 자신의 답을 찾아내야 한다.

공안은 내가 그 암벽 위에 있었을 때와 같은 심리 상태에 있게 하는 연습이다. 거의 죽을 것처럼 겁을 주는 게 아니라, 조건화된 반응이 전혀 소용없는 입장으로 우리를 모는 것이다. 공안을 끝없이 분석할 수도 있지만, 당신이 아인슈타인이나 세상에서 가장 똑똑한 사람이라 해도 생각으로는 공안을 해결할 수 없다. 공안을 해결하는 유일한 길은 개념화하도록 조건화된 마음 상태를 넘어 다른 것으로 도약하는 것이다.

러버스리프 암벽 위에 있을 때 나는 "너의 생명을 구하라."라는 공안을 받았다. 더는 잠재적 조치를 할 수 없었고, 그 순간 무언가를 해야 했다. 그것은 삶에 반드시 필요한 신뢰를 배우기 시작한 경험이었다. 그것을 어떻게 하게 되든지, 우리는 현재의 경험 너머의 것, 현재의 지식 너머의 것, 마음 너머의 것을 신뢰할 수 있다. 그 큰 지혜와 사랑의 자원, 그 신념은 우리의 존재에 뿌리 내리고 있다. 이것은 은총 같기도 하고, 비범한 어떤 것 같기도 하다.

이는 우리가 배운 것이 아니기 때문에 누가 이에 대해 말하면 추상적인 것처럼 들린다. "무슨 말씀하시는지는 알겠어요. 하지만 '어떻게' 그렇게 하는지는 잘 모르겠어요. 그걸 어떻게 해야 하는지 알려주시겠어요?" 내가 혼란스러운 순간을 넘어가는 3단계 계획을 세운다면, 다음과 같을 것이다.

1. '멈춘다'. 그리고 내가 어디에 있는지 생각한다. 그 순간을 벗어나려 분투하기를 멈추고, 안전하려는 걸 멈추고, 걱정하면서 해답과 해결점을 찾는 걸 멈춘다.
2. 그 순간의 현존을 '느낀다'. 그리고 기꺼이 모르는 상태에 있고 불안하고 결론이 나지 않은 내면의 분위기에 있음으로써 나의 존재의 더 고요한 부분에 머무른다.
3. 전혀 소용없었던, 늘 똑같이 했던 낡은 방식을 반복하는 게 아닌 새로운 관점에 가슴을 '연다'. 가슴을 열고 귀 기울여야만 한다. 속담에서는 이렇게 말한다. "신이 속삭이는 소리에 귀 기울여라."

우리는 이런 과정에서 너무 멀어지고 단절되었으며, 마음의 추상적인 세계에서만 살고 있어서, 몸과 마음으로 느끼는 인간의 믿을 수 없을 정도로 엄청난 능력과의 접촉을 잃었다. 우리는 어떤 것을 느끼기 위해 어떻게 멈추는가? 쌀쌀한 날 아침에 폐를 채워서 더 깊고 생생한 상태로 만들어주는 첫 호흡, 우리가 먹는 아침 식사, 마시는 커피, 출근길 도로에서 차를 몰고 갈 때 타이어 아래에서 느껴지는 길의 촉감 등. 마음속에서 떠들어대는 이야기가 아니라 이런 것들에 어떻게 주의를 기울이는가?

아무것도 하지 않다가 위기가 닥쳐서야 들으려고 하면 잘 들리지 않는다. 반면에 깨어 있고, 모르는 것에 대해 내적으로 귀 기울이고, 고요와 불안과 결정되지 않음의 현존을 유지하면, 쉽게 결론 내릴 수 없는 상황에서 도움이 된다. 이는 일종의 연습이다. 그 연습을 더 많이 할수록 우리는 더 민감해진다. 몸, 마음, 감각에 의존할수록, 여기에 시간과 주의를 쏟을수록, 이를 더 많이 사용할수록, 몸과 마음과 감각은 점점 더 예민해진다. 그러니 먼저 작은 것부터 시작해보라. 사소한 것을 통해 느껴보고, 별로 중요하지 않은 것 같은 순간을 가지고 연습해보라. 불안감을 유지하거나 조건화된 대로 순간 나온 답을 재빨리 받아들이는 대신 더 고요한 목소리와 내면의 속삭임에 귀 기울이는 게 어떤 것인지 느껴보라. 우리의 깊은 내면, 지혜, 사랑은 고요한 영역에 존재한다. 우리가 어디에 접근할 수 있는지 알면 놀랄 것이다. 그곳은 바로 모든 사람이 가지고 있는, 더 미묘하고 보다 정제된 의식 상태이며 알아차림 자체이다.

삶은 미지의 순간들의 연속이다

두려움이 일어난다고 해서 늘 위험한 건 아니다.

● 　　　　두려움은 인간의 보편적인 경험이다. 두려움을 한 번도 느끼지 않고 일생을 마치는 사람은 없을 것이다. 지난 수년 간 계속 내게 떠오른 의문은 우리가 두려움과 어떤 관계를 맺는가 였다. 물리적 위험, 생물학적 방어기제, 과거의 경험, 정신적 외상 등에 의해 여러 가지 두려움이 일어난다. 여기서는 미지未知에 대한 두려움을 다룰 것이다. 특히 영적 탐구를 하는 사람들에게 미지에 대한 두려움이 숨어 있는 경우가 많기 때문이다.

　　누군가에게 처음으로 데이트를 하자고 청했을 때, 새 일자리에 지원했을 때, 새로운 상황에 뛰어들었을 때, 우리는 미지에 대한 두려움을 경험했다. 구도자들은 오랫동안 미지에 머무른다. 앞아서 명상하며 고요히 있을 때, 기도하는 도중에 기도가 고요로 변할 때, 혹은 신비의 자리에 도달할 때 등이다. 그때는 무엇이 오는지 모르는 때이며, 우리가 미지의 심리 영역에 있을 때이다. 그곳에 도달하는 사람들에게는 두려움이 자주 일어나서, 영적 교사인 나에게 이런 질문을 많이 한다. "어떻게 해야 두려움을 없앨 수 있나요? 두려움을 어떻게 다루어야 하나요? 두려울 때 무엇을 해야 하나요?" 이런 질문들의 밑바닥에는 근본적인 경향이 있다. 바로 두려움이 느껴지면 가능한 빨리 두려움을 제거해야 한다는 믿음이다.

　　하지만 우리 삶 대부분이 위험에 빠진 상태가 아닌 것처럼,

대부분의 두려움은 생존을 위협하는 것이 아니다. 우리는 새로운 것을 경험하려 할 때, 다른 의식 상태와 다른 존재 상태를 직감으로 안다. 그리고 그것을 '모르기' 때문에, 열망하는 동시에 그만큼 두려워하게 되는 것이다. 우리의 마음은 영적 깨어남이 무엇이며 무엇을 드러낼 수 있는지에 대한 철학, 신학, 믿음을 계속 유지할 수 있지만 그 깨우침을 얻기 전에는, 그 계시를 받기 전에는, 그리고 그것을 겪기 전에는 '그것이 무엇인지' 알지 못하고, 무슨 일이 일어날지 알지 못한다. 이렇게 두려움과 미지가 연관되는 일은 흔하고 또 심오하다.

이런 상황이 흥미로운 까닭은, 우리가 행복할 때는 "어떻게 해야 이 행복을 가능한 빨리 제거할 수 있을까?"라고 생각하지 않고 또 평화를 느낄 때는 "어떻게 해야 이 평화를 가능한 빨리 제거할 수 있을까?"라고 묻지 않기 때문이다. 반면에 두려움을 느낄 때는 "어떻게 해야 이 두려움을 가능한 빨리 끝낼 수 있을까?" 혹은 "어떻게 하면 이 두려움을 피할 수 있을까?"라고 생각한다. 이것이 조건화된 반응이다. 나는 사람들에게 이렇게 말하는 것을 좋아한다. "깊은 영성을 얻으려 하고, 보다 깊이 수행을 하려 한다면, 수많은 미지의 심리적·영적 영역에 들어가게 된다는 걸 확신해야 합니다. 대부분의 영적 수련들이 당신에게 알려주려는 것이 바로 그것이기 때문입니다."

사람들이 의미 있는 영적 변화를 겪기 직전에 가장 많이 경험하는 것이 다양한 두려움이다. 열반, 깨달음, 깨어남으로 통하는 (선불교에서 말하는) 문 없는 문에 문지기가 있는 것 같다. 우리를 제지하는 것도 없고 위협하는 것도 없으므로 뚜렷한 장애가 없지만 우리는 두려워한다. 왜냐하면 깨달음의 전체 풍경은 삶을 전혀 다르게 보고 경험하는 것이므로, 일어나는 깨달음에 대한 직감은 흥미진진한 동시에 섬뜩하기 때문이다. 마음은 "음, 무슨 일이 일어날까?"라고 묻고, 우리는 곰곰 생각하고서 우리가 모른다는 걸 깨닫는다. 그리고 이때 깨달음이 두려워진다.

영적 삶을 산다는 것의 일부는 깊이 의식하게 된다는 것이고, 그러면 삶에는 우리가 모르는 것이 엄청나게 많다는 것을 알아차리기 시작한다. 그러므로 두려움이 일어난다고 해서 항상 실제 위험이 있는 건 아니라는 사실을 배워야 한다. 우리 인간은 아는 것이 우리를 안전하게 해주는 반면, 모르는 것은 잠재적인 위협이며 두려움을 일으킨다고 여기도록 조건화되어 있다. 하지만 그 믿음을 다시 검토하고 두려움과의 관계를 살펴보는 것이 바람직하다. 왜냐하면 우리가 안다고 생각하는 것이 모르는 것보다 더 두려워할 만하기 때문이다. 죽음을 예로 들어보자. 사람들은 죽음에 대해 생각할 때 두려워하지만, 사실 우리는 죽음을 두려워할 수 없고 죽음이 어떠하다고 '생각하는' 것만을 두려워할 수 있다. 우리는 죽음을 소멸이라고 생각할 수도 있고, 다른 어떤 것이라고 생각할 수도 있다. 죽음 후에 일어나는 일들에 대해서 서로 다른 이야기들이 매우 많이 있기 때문이다. 죽음은 궁극적 미지이다. 그러므로 다시 한 번 말하지만, 우리를 두렵게 하는 것은 무엇이 있을지 모르고 무슨 일이 일어날지 모른다는 심리적 전망인 것이다.

그런데 우리 자신과 다른 사람들에게 더 큰 피해를 주는 것은 불확실성을 가지고 하는 일이나 미지의 상태에서 하는 일이 아니라, 안다고 생각하는 것과 확신을 가지고 하는 일이다. 우리가 모르는 걸 안다고 여길 때 많은 것이 파괴된다. 모르는 걸 아는 척하는 것은, 하나의 미지에서 다른 미지로 이어질 뿐인 삶의 미지의 측면을 받아들이기를 거부하는 것이다. 우리는 지금으로부터 1초 뒤에 무슨 일이 일어날지도 알지 못하고, 태어난 순간부터 1분마다 무슨 일이 일어날지도 전혀 알지 못했다. 마치 그것이 문제인 것처럼 두려워할 수는 있다. 가장 큰 위험을 초래하는 것은 우리가 무엇을 할 때인가?

우리를 위험하게 하는 것은 모르는 것이 아니라 안다고 생각하는 것이다. 대부분의 전쟁은 한 무리의 사람들이 진실이라고 '생각'한 것의 결과이다. 우리가 친구나 배우자와 말다툼을 벌일 때도, 대개 두 사람 각자가 자신이 옳고 그른 것을 안다고 '생각'하기 때문에 다툼이 일어난다. 우리가 자신과 남들에게 피해를 주는 경우는 대개 옳은 지식이 아닌 생각이나 믿음이나 의견에 집착할 때 생긴다.

그런데 어떤 면에서 우리는 이를 전혀 반대로 생각한다. 미지를 받아들이기 시작하는 건 위험하지 않지만, 언제나 미지에서 도망가는 것은 끊임없이 우리를 두렵게 만든다. 그러므로 두려움에 대처하는 최선의 길은 두려움을 직면하는 것이다. 이런 생각에는 새로운 것이 없다. 즉 두려움으로부터 도망가면, 우리가 피하고 도망가는 것이 무엇이든 더 두려워하게 된다. 더 오랫동안 도망갈수록 그것이 더 중요한 의미를 가지게 되기 때문이다. 자신의 내면이나 삶에서 마주치는 미지의 영역에 대한 두려움의 바로 한가운데서 멈출 수 있으면, 두려움은 지속될 수가 없다. 두려움이 감정이나 느낌으로라도 계속 일어나고 존재하려면 두려움에 저항하고, 그것으로부터 도망가고, 끊임없이 두려움과 협상하려 해야 한다. 반면에 두려움을 직면하면, 즉 두려움을 '경험'하면 두려움이 우리를 움직일 수 있는 수단은 아무것도 없다.

멈추어서 두려움과 함께 있고 이를 느끼면 모든 두려움이 똑같지 않다는 걸 배우게 된다. 미지에 대한 두려움은 우리가 미지로부터 도망갈 때만 존재할 수 있다는 걸 알게 된다. 이를테면 "매 순간마다 무슨 일이 일어날지 알 수 없다." 혹은 "우리는 태어나는 순간부터 삶이 어떻게 전개될지 알 수 없다."는 말은 사람들을 두렵게 한다. 왜 그럴까? 이 말들은 사실을 말한 것일 뿐, 두렵게 하는 내용은 없다. 그런데 왜 그 말들에 맞서 싸우겠는가? 그 말들에 맞서는 까닭은 주로 우리가 멈추지 않고, 상황을 있는 그대로 만나지 않고, 생각에 빠지기 때문이다. 생각은 두려움이 무성한 곳이다. 우리는 어떤 일이 일어날지, 무슨 일이 일어날 수 있는지, 무엇이 목전에 닥쳤는지 생각한다. 그리고 그 생각은 두려움 반응을 일으킬 뿐만 아니라 그것이 끝없이 계속되게 한다.

지금 말하는 내용은 어린아이들을 두렵게 만드는 무시무시한 괴물의 어른 버전이다. 아이들은 무서운 영화를 본 후에 자기 방에도 괴물이 있지 않을까 의심하기도 한다. 그때 최선의 방법은 아이를 안심시킨 다음, 손잡고 함께 가서 침대 아래를 들여다보는 것이다. 그럼 괴물이 없는 걸 확인할 수 있다. "음, 옷장 속에 있을지도 몰라요."라고 말하는 어린이가 있을지도 모른다. 그러면 다시 아이와 손을 잡고 함께 옷장 속을 들여다보며 거기에도 괴물이 없는 걸 확인한다. 이때 우리가 하는 일은 아이에게 직접 말하는 것이 아니라 괴물이 아이의 마음속에만 존재한다는 걸 보여주는 것이다. 우리의 마음속에 있는 괴물을 다루려면 그 괴물을 직접 만나야 한다. 즉 그런 만남의 순간을 직면해야만 한다.

중요한 것은 상상한 각본대로 생각하는 것이 아니라 두려움 자체를 만나는 것이다. 두려움을 만나는 경험을 하면, 그것이 그리

겁나지 않게 되고, 점차 두려움은 위험하지 않다는 걸 우리의 몸과 마음이 알아차린다. 내일 무슨 일이 일어날지 모르는 건 두렵지 않고, 어떤 결과가 나올지 모르는 것도 두렵지 않다. 삶이 그렇기 때문이다. 무엇이 일어날지도 모른다고 생각하기 선에는 그일이 두렵지 않다. 우리가 투사하는 것이 바로 그 괴물이다.

또 우리는 죽음에 대해서도 비슷하게 투사를 하는데, 이는 죽을 때 무슨 일이 일어날지 모른다고 생각할 때만 문제가 된다. 그러므로 죽음에 대한 두려움조차 결국 생각에 의해 일어난다. 그 두려움이 생기려면 우리의 마음이 미래에 투사해야 하기 때문이다. 이와 달리 "나는 죽을 때 무슨 일이 일어나는지를 모른다."는 사실을 잊지 않는다면, 그 모름을 경험한다면, 자신에게 거짓말을 하지 않기 때문에 굉장한 해방도 경험할 것이다. 자신을 두렵게 만드는 각본을 죽음에 투사하지 않고 미지와 함께 머무르고 있는 것이다.

사람들이 두려움에 대해 물을 때, 나는 교사로서 다음과 같이 하고는 한다. 먼저 나는 사람들이 미지에 투사한 것을 두려워하고 있음을 알아차린다. 그 다음에 두려움을 없애려면 일어날지 일어나지 않을지 모르는 상상의 각본으로 들어가기를 멈추어야만 한다는 걸 그들에게 보여준다. 그들은 투사 없이, 이야기 없이, "이런 일이 일어날지도 몰라." 같은 반응 없이 두려움을 직면해야 한다.

다시 영적 수행으로 돌아와서, 진정한 의미에서 '나'와 나의 본성은 미지라는 걸 상상해보라. 그것을 깨달으면 미지가 덜 두려워진다. 우리가 자신을 삶이 아닌 다른 것으로, 삶 자체와 근본적으로 다른 것이라고 여기고, 미지가 아닌 다른 것으로 여길 때, 그 단절에서 두려움이 생긴다. 두려움을 직면할 때 우리가 받는 가장 큰 은총은, 우리가 두려움으로부터 도망갈 때가 자신의 본성으로부터 도망친 것이고, 가장 깊은 의미에서 있는 그대로의 자신으로부터 도망친 것이라는 사실을 깨닫는 것이다.

삶의 미지의 부분과 두려움에 직면하여 굳게 서 있으면, 두려움은 우리와 적대하지 않고 위협이 아니라는 걸 깨닫는다. 두려움은 새로운 것, 즉 막 인식되거나 곧 일어날 미지의 어떤 것의 전조가 된다. 거기엔 이상한 게 아무것도 없다. 미지는 끊임없이 계속되기 때문이다. 두려움은 삶과 존재에서 불가결한 부분이므로, '나'와 지금 그대로의 '나'에게 필수적인 부분이다. 우리가 멈추어서 두려움을 있는 그대로 볼 수 있기 전까지는 끊임없이 두려움에 휘둘릴 것이다. 멈추어서 두려움을 직면할 때, 두려움을 있는 그대로 경험하면서 완전히 고요하고 평안할 때, 두려움이 우리를 해칠 수 없다는 걸 알게 될 것이다. 두려움을 받아들일 수 있을 때, 우리는 더 이상 두려움을 적대시하거나 도망가지 않으므로 삶과 내면의 풍경은 더 이상 위협적이지 않다.

두려움이 가르쳐줄 수 있는 큰 교훈—두려움의 한가운데서 멈추는 지혜—은 두려움이 늘 위험을 의미하는 건 아니라는 점이다. 앞서 말했듯이 두려움은 새로운 것, 혹은 미지의 것을 알려주는 신호일 수 있다. 또한 완전히 새로운 의식 상태가 열리는 걸 가리킬 때도 있다. 그때 두려움은 잘못된 것이 있다는 의미가 아니라 오히려 일이 제대로 되고 있고, 우리가 미지를 직접 경험하고 있다는 표시이다. 우리가 구도자라면, 이것이 바로 우리에게 필요한 상황이다. 깨우침의 잠재력을 발견하고 우리의 본성을 알 수 있는 것은 '미지'이기 때문이다. 우리가 바로 미지이다.

길에서 붓다를 만나다

늘 변화하는 세계의 영향을 받지 않는 숨겨진 본질은 없다.

●　　　우리 삶에서 어떤 일이 일어나거나 어떤 사람과 관계를 맺을 때, 그것이 일상적이지 않고 삶의 일반적인 윤곽이나 질감과 다르다는 걸 알아차리게 되는 경우가 있다. 당시에는 그 일이 핵심적인 순간임을 깨닫지 못할지 모른다. 하지만 나중에 이를 깨닫게 되면, 그 순간은 우리에게 가장 중요한 것을 알려준다.

20대 시절, 나는 여름이면 내내 시에라네바다 산맥에서 하이킹과 캠핑을 하며 지냈다. 그 산들은 커다란 영감과 평화, 평안을 주었다. 나는 식량을 가능한 많이 배낭에 넣어 짊어지고 출발했다. 대개 열흘에서 2주 동안 먹고 지낼 수 있는 양이었다. 식량이 다 떨어지면 다시 산 아래로 내려가 문명사회를 찾아갔다. 거기서 배낭을 식량으로 채운 후 다시 산으로 돌아갔다.

내가 배낭여행을 좋아했던 이유 중 하나는 자립적인 면 때문이었다. 스스로 자신을 보살피고, 필요한 것을 모두 배낭에 넣어가지고 다니는 게 좋았다. 침대도 없고, 히터도 없고, 에어컨과 냉장고, 식료품점도 없으므로, 우리를 보호해주는 안락한 물품들 없이 자연스러운 상태에서 삶을 있는 그대로 직접 마주하게 된다. 순식간에 폭풍이 일어날 수도 있기 때문에 빈틈없이 머리도 써야 했다. 하루는 심한 뇌우 속에 갇혔는데 온 땅이 전하電荷를 띠고 있었다. 수목 한계선 위로 올라가서 보면 땅 위에 서린 푸르고 엷은 안개로 전하가 깔려 있음을 알 수 있었고, 짐작할 수 있듯이 그 상황은 위험할 수 있었다. 나는 그런 상황들을 좋아했다. 그건 악천후에 맞서야 하는 것, 삶 자체의 방식으로 삶을 마주해야 하는 것, 삶이 내게 순응하게 하는 게 아니라 내가 삶에 순응해야 하는 것이었다.

언젠가 그런 식으로 배낭여행을 할 때, 요세미티 국립공원에서 휘트니 산까지 이어지는 '존 뮤어 길John Muir Trail'을 하이킹하고 있었다. 그곳은 약 340킬로미터가 끊김 없이 이어지는 경로이고, 중간에 가로지르는 도로가 하나도 없었다. 나는 하이킹을 하다가 옆길로 내려가서 멋진 고지대 호수인 플로렌스 호수로 갔다. 호수의 반대편에 차로 접근할 수 있는 야영지와 함께 카페와 작은 상점도 있었는데 거기서 식량을 보충했다. 집에서 출발하기 전에 미리 큰 상자에 식량을 담아 수신인을 나로 해서 그곳으로 부쳤고, 이것으로 식량을 보충한 것이다. 그 뒤 호수의 반대편으로 돌아가서 다시 계속해서 높은 산을 하이킹했다.

그렇게 걷다가 길고 부푼 흰회색 턱수염을 기른 노인이 길 옆에서 야영 중인 것을 보았다. 텐트가 세워져 있었고, 밖에는 난로가 있었다. 그때는 시에라 산맥이 아름답고 상쾌한 여름날 오전이었고, 그는 작은 야영지에 있었다. 나는 거기 들러서 그와 이야기를 나누었다. 그에게 얼마나 오래 거기 머물렀는지, 잘 지내고 있는지 물었다. 그는 "나는 죽기 전에 신의 작품을 마지막으로 한 번 더 봐야겠다고 생각했다네."라고 대답했다.

"연세가 어떻게 되세요?"

"여든 다섯일세."

그 말을 처음 들었을 때부터 나는 깊은 인상을 받았다. 그 노인은 85세의 나이에 배낭을 짊어지고 높은 산에서 하이킹을 하고 있었다. 그의 눈은 반짝였고, 약간의 장난기가 눈길을 끌었다. 나는 나무토막을 끌어당겨 그의 옆에 앉았고, 우리는 잠시 이야기를 나누었다. 내 손목에 염주가 있는 걸 보고 그가 물었다. "이게 뭔가?"

"아, 이건 천주교의 묵주 같은 불교의 염주예요."

내가 말을 잇기도 전에 그가 말했다. "아, 붓다는 바보였어." 당시 나는 내가 가야 할 길로 선불교를 선택했기 때문에 그의 말에 관심이 갔다. 나는 신실한 불교인이었고 작은 염주를 늘 지니고 다녔다. 그런데 산에서 만난 이 유쾌한 노인이 내게 대뜸 붓다가 바보라고 말했다! 다른 사람들이 그렇게 말했다면 나는 그 말을 무시했겠지만, 그가 말하는 태도에는 분노도, 판단도 없었다. 그는 어떻게 될지 모르고 그렇게 말했다. 그 다음에 그는 더 이상 아무런 말도 하지 않았고, 내가 어떻게 반응하는지 바라보았다.

나의 첫 반응은 "그래요? 왜 그런 말씀을 하시나요?"였다.

그는 이어서 불교와 그리스도교에 대해, 산에서 지내는 것에 대해, 그리고 온갖 것에 대해 말했고, 우리는 거기 앉아서 30~40분가량 이야기했다. 그는 붓다가 바보라고 말하긴 했지만, 다른 사람을 즐겁게 해주는 사람이었다. 당시에는 그가 그 말로 내 안에 씨앗을 심었다는 것을 몰랐지만, 시에라네바다 산맥에서 그 노인을 만난 일이 내 머릿속에서 떠나지 않았다.

대화가 끝난 후 나는 가던 길을 계속 가야 했기에 배낭을 들고 그에게 잘 지내라고 말했다. 작별인사를 나눈 뒤, 나는 가던 길을 계속 걸었지만 그가 붓다에 대해 한 말은 계속 내 마음속에 남아 있었다. 그의 말보다 장난기 어린 눈빛으로 말한 태도가 더 가슴에 남았다. 나는 길을 따라 걸으면서 생각했다. "음, 그가 왜 그 말을 했을까?" 그것이 나의 의식에 심어진 씨앗이었다.

이후 순식간에 2년이 지나갔다. 나는 자전거점에서 자전거를 수리하는 기술자로 일하고 있었다. 그리고 여전히 손목에 염주를 차고 있었다. 어느 날 고정대에 자전거를 올려놓고 일하고 있다가 돌아서서 가는데, 염주가 고정대에 걸렸다. 어떤 금속 부분에 염주가 걸렸는데 나는 움직이고 있었기 때문에 그 부분이 염주를 끊어뜨려서 염주알들이 바닥에 쏟아져 내렸다. 마치 염주가 내 손목에서 폭발하여 바닥으로 튀고 테이블 아래로 굴러가서 영원히 사라진 것 같았다. 나는 웃음이 터져 나오려 했다. 웃음이 나온 이유는, 그 순간 나의 영적인 에고 정체성이 무너졌고, 그것이 염주알들처럼 바닥에 떨어진 것 같아서 기뻤기 때문이다.

나는 허리를 숙이고 눈에 보이는 염주알들을 주워서 주머니에 넣었다. 나중에 이걸 꿰어서 다시 염주를 만들 생각이었다. 염주 알을 다 주웠을 때, 나의 영적 정체성은 사라졌고, 더 이상 영적 정체성을 통해 나 자신을 볼 필요가 없다는 것을 깨달았다. 집에 돌아가서 염주알들을 보며 처음에 직접 만들었듯이 다시 염주를 만들까 어쩔까 궁리하고 있을 때, 그건 끝났다는 것이 명확해졌다. 불교인이든 그리스도인이든 나의 정체성은 염주가 망가졌을 때 마룻바닥 위에 쏟아져 버렸다. 그때 불현듯 산에서 그 노인이 했던 말이 떠올랐다. 하지만 이미 말한 것처럼, 내게 깊은 인상을 준 것은 그가 붓다에 대해 한 말이 아니라 그가 눈빛을 반짝이며 말을 하던 태도였다. 마치 내가 아직은 모르지만 볼 수 있는 준비가 거의 다 된 어떤 것을 보여주려는 것 같았다. 그때 염주가 망가져서 염주알이 마루 위에 흩어진 것은 상징적인 사건이었다는 걸 깨달았다. 그건 일어나고 있지만 실제로 일어나기 전에는 내가 알아차리지 못하는 의식의 전환을 나타내는 것 같았다. 그리고 나의 영적 정체성이 사라지거나 허물어지는 것을 눈에 보이게 나타내는 것이었다. 하지만 때로는 무엇이 달라졌는지 알아보기 어렵다.

그렇다고 내가 불교 수행을 중단한 건 아니다. 항상 하던 것을 똑같이 계속했다. 주말에는 스승과 함께 일했고, 모든 수행을 계속했기에 아무것도 변하지 않은 것 같았다. 하지만 이제는 나 자신을 불교인이나 다른 어떤 것으로도 여기지 않게 되었다. 그 염주가 툭 끊어졌을 때, 내 의식 안의 어떤 것이 좋은 의미로 부서진 것 같았다. 나는 어느 집단에서도 영적 정체성, 종교적 정체성, 그 밖의 다른 정체성을 찾을 수 없게 되었는데, 그것은 대단히 큰 변화가 일어난 순간이었다. 그런 내면의 사건이 일어날 때, 외부 세계는 우리 내면에서 일어나는 것을 닮는 것 같고, 우리의 존재 상태를 거울처럼 비추어주는 것 같다.

이제는 그때를 되돌아보면 그 순간이 얼마나 중요했는지 알 수 있다. 당시에도 그게 중요하다는 건 알았지만, 그 정도로 중요한 줄은 몰랐다. 중요한 곳에 도달하는 것이 아니라 영적 정체성 혹은 종교적 정체성이 사라지는 것이었기 때문에, 겉으로 크게 드러난 것은 없었다. 그리고 그 깨달음 역시 영적인 일이고 수행의 일부임을 이해하지 못했다. 어떻게 정체성을 쌓든, 우리가 이 땅에서 마지막 숨을 쉴 때 그렇게 쌓은 것은 결국 우리 손을 떠날 것이다. 영적인 수행의 큰 부분은 정체성을 간파하는 것이다. 우리는 정체성에 대해 생각할 때, 그것을 '에고 정체성'이나 '과거에 의한 정체성', 혹은 (생각과 기억에 의존하는) '마음에 의한 정체성'이라고 부를 수도 있지만, 더 미묘하고 보다 만연한 다른 정체성이 있다. 없어질 때까지 우리에게 있는 줄도 모를 수 있는 정체성이다.

우리는 생각, 역사, 훈련, 교육, 소속된 종교나 정치 집단에 따라 거의 모든 것에서 자신의 정체성을 찾을 수 있다. 우리가 그 정체성을 버리는 건 반드시 그것과 관련된 종교에 소속되지 않거나 정치적 관점이 없기 때문이 아니다. 종교나 정치와 관계를 맺더라도 그것을 우리 자신으로 만들거나 정체성으로 삼지 않을 수 있는 것이다. 파티 분위기를 망치려면 정치나 종교 이야기를 화제로 꺼내라는 우스갯소리가 있다. 어째서 사람들은 다른 사람이 자신의 정치적 정체성이나 종교적 정체성과 다른 의견을 말하면 그토록 기분이 상할까? 시에라네바다 산맥에서 만난 그 노인은 내가 염주는 불교식 묵주라고 말했을 때 미소를 짓고 눈빛을 반짝이며 "아, 붓다는 바보였어."라고 말해서 내게 도전했다.

그 노인은 붓다에 대한 자신의 생각을 보여주려는 것이 아니라 다른 것을 말하고자 한 것이었다. 실은 그가 "이보게, 젊은이, 나는 지금 자네에게 뭔가를 보여주려 하네. 그걸 알고 싶은가?"라고 말하고 있다고 느꼈다. 그런 의도가 있었든 없었든, 그는 나의 영적 정체성을 잘라내는 과정을 시작했다. 그리고 마침내 염주를 엮고 있던 줄이 끊어져 염주알이 모두 바닥에 떨어진 순간, 나는 내가 붙들고 있던 불교인의 정체성을 이미 잃어버렸다는 것을 알게 되었다.

나는 염주가 끊어졌을 때와 산에서 그 노인을 만났을 때가 굉장한 은총의 순간이었다고 생각한다. 그 노인이 붓다에 대해 한 말 때문에 화가 날 수도 있었고, 수년 동안 매일 손목에 차고 있던 염주가 끊어져 염주알이 바닥에 흩어져버렸으므로 심란할 수도 있었다. 하지만 어떤 이유에서인지 나는 그렇게 삶과 만날 준비가 되어 있었다. 그 두 가지 일은 내가 속한 집단에 따라 정체성을 찾는 걸 중단하는 법을 보여주었다. 이 경우에는 내가 속한 종교에 따라 정체성을 찾는 일을 중단하는 것이었다.

그 일들로 인해 내가 나도 모르게 '불교인'이라는 이름표 주위에 '나'라는 의식과 자아감을 쌓았다는 사실을 알게 되었다. 에고의 마음, 에고의 본능은 정말 교묘하게 모든 것을 가져다가 조용히 나에 대한 정체성과 자아감을 지어내기 시작한다. 동시에 내가 그 거짓 정체성을 간파하고 그것을 넘어서려고 할 때, 에고의 마음은 새로운 정체성을 만들어낸다. 이 경우에는 불교인의 정체성이었다. 우리는 나를 둘러싼 정체성 없이 불교인이거나 그리스도인일 수도 있고, 무슬림이나 유대교인일 수도 있다. 그리고 그 두 사건이 발생했을 때 내게 일어난 일이 그것이었다. 내가 "보다 깊은 계시나 진리를 미리 맛보기"라고 부르는 것이자 영적 정체성이 없는 것이 어떤지를 느끼고 알 수 있는 순간이었다. 전에 했던 불교 수행처럼 그동안 했던 것들을 계속하면서도 그것으로 정체성을 만들어낼 필요가 없었기 때문에, 홀가분하고 광활하고 안심 되는 느낌이 들었다.

우리 모두에게는 그런 것이 있다, 그렇지 않은가? 우리는 종교적·영적으로 소속이 있고, 성향이 있고, 정치적 관점을 가지고 있다. 가족과 친구들을 통해, 남편이나 아내나 부모로서, 또 직장에서의 지위에 따라, 삶에서 하는 역할에 따라 자신을 규정한다. 그것을 보면, 어떤 역할을 하는 건 아무런 문제가 없다는 걸 알 수 있다. 우리는 모두 이 세상에서 서로 다른 기능과 역할을 하기 때문이다. 그런데 우리의 마음은 너무 쉽게 그것을 가지고 자아감을 쌓는다. 사람들은 모르는 사이에 소속이나 관점으로 정체성을 쌓으므로, 정체성이 도전 받을 때면 감정적으로 마치 그들의 전 존재가 도전 받는 것처럼 느낀다. 그렇기 때문에 정치와 종교를 가지고 대화하면 감정이 격해지기 쉽다. 하지만 우리가 준비되면, 그것으로 정체성을 만들어내지 않은 채 모든 기능과 역할을 할 수 있으며, 필요하면 큰 헌신을 할 수도 있다는 걸 알 수 있다.

붓다의 기본적인 가르침 중 하나가 '무아no self, 無我'이다. 사람들은 붓다가 말한 것이 에고가 없다는 의미라고 생각하지만, 그렇지 않다. '무아'는 에고가 없다는 것보다 훨씬 더 심오한 가르침이다. 붓다가 '자아'라는 말을 사용한 맥락을 살펴보면, 유신론적으로 자아는 '영혼' 같은 것을 의미한다고도 해석할 수 있다. 붓다는 모든 것이 변하는 세계의 영향을 받지 않는 숨겨진 본질은 없으며, 우리의 눈 뒤에 숨어 있다가 몸이 기능을 멈추면 다른 몸으로 옮겨가는 변함없는 가상의 실체는 없다고 말한 것이다. 바로 이것이 붓다가 세상에 전해준, 진실로 새로운 가르침이었다. 나는 이러한 근본 교리를 갖춘 종교를 수행하면서도, 나도 모르게 새로운 정체성을 만들고 그것에 매달리는 데 그 종교를 이용했다. 참으로 역설적이지 않은가?

지금 그때를 되돌아보면 거의 헛웃음이 나올 정도이지만, 당시에는 (적어도 당분간은) 그 일은 내게 무척 심각한 일이었다. 우리는 새로운 정체성을 간파하고 더 이상 그것을 붙들고 있을 필요가 없다는 걸 깨닫기 전에는, 무엇이든 새로운 정체성을 좋아하는 경향이 있다. 하지만 사랑하는 것 혹은 미워하는 것을 가지고 정체성을 만들어낼 필요가 없다. 우리는 그 정체성보다 훨씬 더 유동적이기 때문이다. 우리는 계속 자신을 쑤셔넣으려고 하는 관념의 상자[여기서는 하나의 정체성 - 옮긴이] 안에 한정될 수 없는 존재이다.

산 위에서 노인을 만난 일과 염주가 망가진 일 같은 작은 순간들은 나의 영적 삶을 완전히 새로운 국면으로 이끌어주었다. 나는 무엇이 일어나는지 알았지만, 앞서 말했듯이 처음에는 그 일이 얼마나 중요한지 알아차리지 못했다. 그리고 중요성을 알아차리기까지 몇 년이 걸렸다. 우리가 알아차리려고 하면 그런 작은 순간들을 맞이할 수 있지만, 반대로 자신에게 지나치게 집착하거나 정체성을 지나치게 보호하려 하면 그 순간이 보여주려는 것을 보지 못할 것이다. 그 순간이 우리의 생각과 일치하지 않으면 반발하고, 방어하고, 그 순간에 맞서기 때문이다.

영적 삶이란 그런 정체성을 간파하고, 또 마음이 과거의 정체성이 무너지자마자 새로운 정체성을 만들어낸다는 것을 알아내는 것이다. 그래서 삶의 미묘한 순간에 주의를 기울이는 게 유용하다. 왜냐하면 그런 순간들은 우리가 알아차리지 못하는 의식의 깊고 깊은 차원에서 일어나고 있는 일을 거울처럼 비춰주기 때문이다. 나의 경우, 거울이 보여준 것은 이런 것이었다. "너에겐 그게 필요 없어. 너는 불교인, 그리스도인, 유대교인, 혹은 무슬림의 정체성을 만들어낼 필요가 없다고. 네가 동일시하는 구체적인 어떤 것을 만들 필요가 없어."

삶은 매 순간 거울처럼 우리가 신성한 생각, 소속, 관점을 보호하고 있음을 비춰준다. 우리가 이를 보호하고, 또 어떤 사람이나 어떤 것이 여기에 도전할 때 반발하는 이유는 그들이 바로 우리에게 도전하고 있다고 여기기 때문이다. 그리고 실제로도 그렇다. 그들은 우리의 마음이 어떤 사상이나 소속, 관점을 감싸고 여기에서 정체성을 만들어내는 것에 도전하는 것이다. 우리가 무엇으로부터 정체성을 형성하든, 우리가 무엇과 동일시하든 삶은 상관하지 않는다. 삶은 그저 있는 그대로일 뿐이다. 우리가 자신이라고 생각하는 것을 남들이 지지하지 않을 때마다, 또는 우리가 이해하는 방식에 도전하는 것처럼 삶이 펼쳐질 때마다, 우리의 정체성들은 볼링공과 핀들처럼 서로 충돌한다.

　이혼, 가족의 죽음, 말기 질환, 그 밖의 다른 위기 등 삶에서 겪는 큰 사건들은 우리의 세계를 송두리째 뒤엎을 수도 있고, 준비가 된 사람에게는 자아감을 뒤집어서 그것을 있는 그대로 보여준다. 즉 자아감은 깊이 조사하고 분석하면 실체를 찾을 수 없는 허약한 것이다. 하지만 우리를 해방시켜주는 미묘한 거울처럼 작용할 수 있는 상황은 갑작스럽고 큰 사건들이 일어나는 순간만은 아니다. 기꺼이 주의를 기울이기만 하면, 우리는 작은 순간들이 쌓이는 걸 통해 매일매일의 삶이 가장 가까이에 있는 스승이라는 걸 발견하게 된다.

　나는 산 위에서 만난 노인을 떠올릴 때면 큰 호감과 감사를 느낀다. 그는 당시 내가 붙들려 있던 정체성에서 자유로워지는 데 일정한 역할을 했기 때문이다. 또 염주가 작업대에 걸려 끊어져서 염주알이 자전거점 바닥에 흩어졌던 순간을 회상할 때도 큰 호감을 느낀다. 그 순간 나의 낡은 종교적·영적 정체성이 흩어졌기 때문이다. 나는 그 노인에게 화를 내거나 저항할 수도 있었고, 직접 만들어서 몇 년 동안 손목에 차고 다니던 염주가 망가졌을 때 크게 낙담할 수도 있었다. 하지만 내 덕분이라고 할 수 없는 어떤 이유 때문에 나는 두 사건에 대해 준비가 되어 있었고, 그래서 그 순간들은 내게 가르침을 줄 수 있었다. 내가 저항하지 않았고 거부하지 않았기 때문에 그 순간들은 당시 내가 지고 있던 짐을 덜어주었다.

이렇게 거울처럼 비춰주는 순간은 드물지 않고 매일매일 생긴다. 그런 순간들이 끊임없이 우리를 초대하고 있으므로 우리는 항상 그 순간을 알아차리고 물을 수 있다. "그것에 저항할 필요가 있을까? 남들이 나에게 동의하지 않는다고 말할 때 저항할 필요가 있을까? 내가 마음먹은 대로 삶이 이루어지지 않을 때, 삶에 저항할 필요가 있을까? 삶에 저항할 때 나는 어떤 자아감이나 정체성을 그대로 유지하려 하고 놓지 않으려 하는가? 그것이 반드시 필요한가? 그게 내가 원하는 것인가? 그렇게 집착하면 실제로 내가 자유로워지는가?"

우리는 무엇을 움켜쥘 때마다 인식을 제한하고 존재의 경험을 제한한다. 나는 여러분에게 무엇이든 삶이 비춰주는 것을 바라보고, 다른 것이나 더 나은 것이 되려 하지 말고, 이런 질문을 하라고 권한다. "새로운 것에 집착할 필요가 있을까? 내가 관심 있는 것이나 관점으로부터 정체성을 만들어낼 필요가 있을까? 자아감을 만들어내지 않고 관심과 관점을 가질 수는 없을까? 내가 속한 집단과 삶에서의 역할에 의해 정체성을 쌓아올리는 것을 놓아버린다면 더 큰 자유를 경험할 수 있지 않을까?" 우리는 삶의 순간순간이 보여주려는 것에 더 깨어 있을 수 있다. 기꺼이 보려는 마음만 있으면 되기 때문이다.

영적 수행에서 쉬쉬하는 비밀

깨어남이란
우리가 세계를 인식하는 방식을 내려놓는 것이다.

● 　　　영적 수행에서 쉬쉬하는 비밀은 자아의 본성을 직면
하는 일이 두려울 수 있다는 것이다. 영적 수행을 하는 사람들이
존재에 대한 두려움에 직면하느라 분투하는 건 흔한 일이다. 그
두려움이 과거나 정신적 외상을 준 사건에서 비롯되는 두려움만
을 말하는 것은 아니다. 우리 내면에서 비롯되는 두려움도 있다.
의식 안에서 그런 느낌이 생기는 것은 우리가 광대한 미지 혹은
무한을 만난 것으로, 우리는 두려움 속에서 에고에 집착한다.

　　에고는 대체로 우리 존재의 세 가지 측면으로 나타난다. 바
로 관념적 측면, 감정적 측면, 원초적 측면이다. 우리가 마음속에
서 경험하는 관념적 에고는 이미지, 생각, 믿음, 판단이다. 이런 것
은 지적으로 인식하는 것이다. 그런 관념적 에고로부터 깨어나면,
더 이상 그물망 같은 생각에서 자아감을 찾을 수 없다. 남에게서
배운 것, 혹은 우리가 믿는 것의 형상에서 자아감을 찾을 수 없는
것이다. 관념적 자아를 놓아버리는 것은 꿈에서 깨는 것과 같다.
우리가 진실인 줄 '아는' 것과 더 이상 동일시하지 않기 때문이다.

　　둘째, 보다 내면적인 측면인 감정적 에고는 가슴속에서 일어
나고 느껴진다. 나는 감정적 에고를, 이를테면 에고 나침반의 북
극이라고 생각한다. 우리가 감정적 에고와 연결되면 진정한 자아
의 방향을 찾은 것 같고, 그것이 진정한 자아인 것 같기 때문이다.
하지만 그것이 항상 긍정적인 건 아니다. 어떤 에고는 화나고, 불

안하고, 창피하고, 무엇이든 가장 익숙한 감정 등 부정적인 상태일 때 가장 정상인 것처럼 느끼기 때문이다. 우리는 관념적 에고에서는 깨어났어도 여전히 감정적인 에고에 갇혀 있을지도 모른다. "그 감정이 곧 나인 것은 아니다."라고 깨달을 수 있을 때 자아와의 감정적인 동일시에서 벗어날 수 있다. 그럴 때 긍정적인 감정이든 부정적인 감정이든 긍정적이지도 부정적이지도 않은 감정이든, 모든 감정적 에고로부터 자유로워진다.

관념적 에고와 감정적 에고는 에고의 세 번째 측면 주위를 맴돈다. 내가 '원초적 에고'라고 부르는 그것은 우리의 뱃속 가장 깊이 뿌리 내리고 있다. 만일 원초적 에고에게 언어가 있다면, 거대하고 우주적인 "아니다! 삶도 아니고, 죽음도 아니다, 아니다, 아니다, 아니다……."라는 말일 것이다. 실제로 위협을 전혀 경험하지 못하는 상태일지라도 명상할 때 미숙한 에고의 중심 차원과 마주치면 자아가 소멸하는 불합리한 느낌이 들 수도 있다. 바로 존재에 대한 두려움이 있는 곳이다. 이때의 두려움은 죽음의 두려움이 아니고, 다치는 것에 대한 두려움도 아니다. 소멸되는 두려움이고, 비존재의 두려움이며, 존재가 없는 것에 대한 두려움이다. 그 두려움과 연결된 사람들은 그에 대해 내게 말할 때, 특히 무한의 광대한 존재나 미지의 공포에 대해 말할 때, 자기도 모르게 손을 아랫배에 놓는 경우가 많다. 몸의 바로 그 부위에서 두려움이 생겨나고 느껴지기 때문이다.

그 수축되고 원초적인 두려움을 놓아버린다고 생각하는 게 위험해 보일 수 있다. 원초적 에고가 움켜쥔 주먹 같은 자아라고 상상해보자. 손으로 주먹을 쥐었다 펴면 주먹은 소멸된다. 본능적인 수준에서 그 에고는 수축된 텅 빔의 경험 혹은 공空이 수축된 상태이다. 그 수축에서 풀려나 자유로워지고 신을 알려면 본능보다 더 깊고 더 근본적인 것에 다가가야만 한다. 선불교에서는 그것을 '문 없는 문'이라 부른다. 우리가 영적으로 획기적인 단계나 전환을 맞을 때 문 없는 문을 지나게 된다. 그것에 '문이 없는' 이유는 일어나는 모든 것은 수축이 풀리는 것이기 때문이다. 그리고 처음부터 거기에 아무것도 없었으므로—우리가 마음속에 문을 만들어낸 것이다—우리는 소멸되겠지만, 우리가 두려워하는 방식으로 소멸되지는 않는다. 문 없는 문을 통과하고 나면, 또 원초적 에고라는 주먹을 펴고 나면, 본능보다 더 깊은 것에 닿을 수 있고 존재의 두려움을 넘어설 수 있다.

우리는 수백만 가지 영적 경험을 하고도 여전히 에고의 정체성을 고스란히 가지고 있을 수 있지만, 진실로 깨어나면 에고의 구조 가운데 일부라도 초월하게 된다. 하지만, 그렇다고 해서 다시 에고가 형성되고 새로운 방식으로 나타나지 않는다는 의미는 아니다. 그런 경우도 있고, 그렇지 않은 경우도 있다. 존재의 두려움을 벗어난다는 것은 그런 에고의 깊은 측면을 간파하여, 우리의 의식이 자유롭게 자신의 무한, 공, 텅 빈 본성, 무無와 연결되는 것이다.

마음속 생각과 가슴속 감정을 놓아버리는 게 다가 아니다. 그렇게 해도 다시 생각하거나 다시 느끼지 않을 수는 없다는 사실을 우리는 알고 있다. 생각과 감정의 차원에서 깨어나도 여전히 본능적인 원초적 에고를 가지고 있을 수 있고, 그런 자아의 존재 수준은 계속 우리를 두려움에 머물게 할 수 있다. 에고와 자아의 주먹을 펼 때 무슨 일이 일어나는가? 어떤 사람들은 그때 미쳐 버릴까 봐 두려워하는데, 이는 통제력을 잃을까 무서워하는 것이다. 그런 두려움을 밀고 나가는 것은 적절한 생각이 아니다. 기꺼이 하려는 마음이 있을 때 두려움을 가장 현명하게 다룰 수 있다. 영적 수행이 발전하면 유일하게 소멸하는 것은 자아에 대한 집착임을 알아차리게 되고, 보다 깊은 곳에 접근하는 법을 배우고, 놓아버리는 것이 기분 좋게 느껴진다. 두려움의 주먹을 꽉 쥐는 것이 바로 문 없는 문이며 의식 안에서 수축되는 것임을 깨닫게 된다.

다시 원초적 에고의 구조가 꽉 쥐고 있는 주먹이라고 상상해 보자. 그 주먹을 펴도 우리는 아무것도 잃지 않는다. 처음부터 아무것도 없었기 때문이다. 에고는 수축된 의식이었고 그게 전부이므로, 얻는 것도 없고 잃는 것도 없다. 문 없는 문을 통과했을 때만, 처음부터 에고는 아무것도 아니었음을 이해할 수 있다. 즉 에고는 단지 우리의 마음이 발생시킨 의식의 악몽일 뿐이다. 우리가 주먹을 펴고 자아의 구조를 뿌리째 뽑으면, 다시 말해 우리가 깨어나면 강렬한 텅 빔, 무, 임박한 소멸감은 손으로 만져지는 실재가 없다.

하지만 우리가 에고의 꿈에서 깨어나서 에고와 그 결과인 두려움을 지나 문의 건너편을 보았을지라도, 자아는 여전히 거기에서 우리가 잠시 초월해서 떠났던 휴가에서 돌아오기를 기다리고 있다. 그러므로 의식의 중심에서 에고를 뿌리째 뽑아야만 한다. 처음으로 깨어남을 경험하자마자 금방 에고를 넘어서는 일은 거의 일어나지 않고―시간과 경험이 필요하기 때문이다―오히려 더 깊은 수준의 에고를 간파할수록 더 많은 에고를 발견하게 된다. 우리가 에고의 밖에 있으며 에고에 의해 규정되지 않는다고 간주하면 에고를 다루기가 더 수월할 수 있지만, 그럼에도 불구하고 깊고 강력한 깨어남이 일어난다 해도 저절로 에고가 제거되지는 않는다.

이 글을 시작할 때 나는 소멸되는 두려움의 자리에 갇혀 있는 경험을 "영적 수행에서 쉬쉬하는 비밀"이라고 말했다. 왜냐하면 그런 경험이 흔한데도 그것을 공개적으로 논의하지 않기 때문이다. 내가 그런 이야기를 꺼낼 때마다 예외 없이 사람들은 "세상에! 그런 말씀을 하시니 기쁘네요. 바로 내게 그 두려움이 일어나고 있어요!"라고 말한다. 신성한 여정 중 깨달음이 일어날 때 존재의 공포를 겪고 소멸을 직면하게 된다는 말은 사람들에게 그리 환영 받지 못한다. 사람들의 인기를 끌려고 드러내놓고 하는 말이 아니지만, 대부분의 사람들이 그런 경험을 한다는 것은 사실이다.

에고의 구조를 근절하는 것은 에고의 세계를 끝내는 것이고, 그런 심리적 기제를 통해 삶을 인식하는 걸 중단하는 것이다. 그 후 우리는 실재를 이전과 다르게 만나고, 자아를 이전과 다르게 보고, 다른 사람들을 이전과 다르게 보게 된다. 아무것도 변하지 않았고 우리는 여전히 똑같은 세상에서 갈팡질팡하지만, 모든 것이 전과 같지 않다. 그러므로 깨어남은 우리가 세상을 인식하는 방식을 놓아버리는 것이다. 그때 우리가 잃어버린 것은 깨달은 것과 그 대가로 얻는 것에 비하면 아무것도 아닌 것 같다. 우리가 잃는 것 대부분이 괴로움을 일으켰던 것이기 때문이다. 그러므로 그것을 상실이라고 말할 수도 있지만, 슬퍼할 일이 아니다. 좋은 소식은 두려워할 게 없다는 것이다.

기꺼이 고요함을 만나라

모든 경험을 그대로 놓아두는 것이 명상이다.

● 　　　　사람들은 대개 명상을 특정한 기법이라고 생각한다. 명상할 때 무엇을 하는지가 중요하다는 것이다. 그래서 수많은 명상법이 있고, 그에 대해 알고 싶은 사람들은 내가 쓴 다른 책들이나 다른 많은 곳에서 배울 수 있다. 그런데 정말로 명상이란 무엇인가? 명상하는 마음이란 무엇인가? 진정으로 명상하는 마음에 들어갈 때 무슨 일이 생기는가?

　　우리가 처음 만나게 되는 명상의 가장 강력한 측면은 정직성이다. 즉 우리는 앉아서 명상할 때 자신을 직면하게 된다. 텔레비전이나 말하는 소리 같은 외부의 방해가 없는 조용한 곳에 있을 때 우리는 오직 자신과 함께 있다. 그때 모든 사람이 온갖 환상적인 영적 생각들을 할 수는 있지만, 말없이 가만히 앉아 있는 것은 마치 거울을 응시하는 것과 같다. 자기 자신을 들여다보는 것이다. 명상할 때 우리가 하는 일은 (적어도 처음에는) 마음속과 의식에 있는 것들을 알아차리는 것이다.

　　마음의 본성을 알게 되는 것이 명상의 목표지만, 이는 또한 수행을 불안정하게 하는 요인이기도 하다. 고요히 앉아서 자신을 직면하기 전에는, 우리가 삶과 마음을 지배하고 느낌과 생각을 통제하고 있다는 환상을 품고 있기 때문이다. 하지만 명상을 통해 마음의 본성을 알게 되면 초라하게 느껴질 수 있는데, 이는 대부분의 인간들은 명상하기 전에는 마음이 매우 활발하고, 통제할 수 없고, 요동치고, 예측하기 어렵다는 걸 알지 못하기 때문이다. 대부분의 시간에 마음은 그리 중요하지 않은 생각을 일으킨다. 그래서 마치 자기 자신을 즐기고 있는 것 같다. 누군가 길을 걸어가고 있을 때는 보통 그의 입술이 움직이는 걸 볼 수는 없지만, 그의 내면에서는 마치 두 사람이 있어서 한 사람이 말하고 다른 사람이 듣는 것처럼 자기 자신과 내면의 대화를 하고 있을 가능성이 높다. 물론 실제로 두 사람이 있을 수는 없지만, 우리가 내면의 대화에 빠져 있을 때는 그런 것과 같다.

대부분의 명상은 마음을 평상시의 혼돈 상태가 아니라 어떤 것에 알아차림을 집중할 수 있도록 돕는다. 마음이 청정한 상태에 들어가게 되면, 마음이 시끄럽다는 것을 알게 된다. 이것이 1차 갈등이다. 그 다음에 우리 마음은 마음이 그렇게 시끄러우면 안 된다고 생각함으로써 2차 갈등을 일으킨다. 내가 처음 명상을 할 때는 무슨 일이 일어나야 하는지, 어떤 것이 일어나면 안 되는지 몰랐다. 그리고 그걸 몰랐기 때문에 이미 몸과 마음에 있는 1차 갈등을 극복하려고 2차 갈등을 더하지 않았다.

명상은 우리 존재의 깊은 부분과 연결되려는 것이다. 그것은 마음이 지어내는 이야기로 규정할 수 없으며, 또한 명상할 때 이따금 만나는 사나운 감정의 물결로도 규정할 수 없다. 가장 심오한 의미에서 명상은 우리 존재의 고요함과 만나는 것이다. 그것이 명상의 핵심이다. 바로 기꺼이 고요함과 함께 하는 것이다.

내가 속한 문화에서는 대화할 때 고요함은 중요한 부분이 아니다. 우리는 고요함 대신에 더 산만하게 하는 길을 받아들이고, 문명의 이기들이 없으면 살 수 없다고 확신한다. 기술은 실용적이긴 하지만, 혼돈과 분열을 일으키는 또 하나의 수단이 될 수 있다. 우리가 소셜 미디어social media[개인의 의견이나 생각, 경험과 정보 등을 공유하는 데 사용되는 웹사이트를 비롯한 플랫폼 - 옮긴이]를 사용하고 있을 때는 주위가 조용하더라도 고요한 곳에 있는 게 아니다.

고요함은 많은 사람들을 불안하게 할 수 있다. 고요함에 익숙하지 않은 사람은 고요한 것을 이상하게 여길 수도 있다. 이는 우리가 한 부분을 차지하는 자연의 수많은 활동이 고요 속에서 일어난다는 점에서 모순적이라고 할 수 있다. 사람들이 혼잡하고 시끄러운 인간 세상에서 벗어날 수 있는 숲 같은 곳에서 산책하는 걸 좋아하는 것도 그것이 고요함으로 들어가는 길이기 때문이다. 명상은 집중적으로 고요함 속에 들어가는 방법이다. 그런데 이때 어려운 점은 내면의 고요함에 주의를 기울이기 시작하면 내면의 소음이 들리고, 많은 사람들이 관념적인 마음의 혼돈 및 과거와 미래의 이미지들 사이에서 생기는 미묘하거나 공공연한 싸움에 휘말리게 된다는 것이다. 하지만 명상은 마음을 통제하는 것과는 전혀 아무런 관련이 없다. 그래서 스승 한 분은 이렇게 말했다. "네 마음과 전쟁을 벌인다면, 그 전쟁을 영원히 하게 될 것이다." 그렇다면 자기 마음, 자기 감정과, 자기 자신과 전쟁을 하지 않는다는 건 무슨 의미인가?

주의하지 않으면 명상은 영적 경쟁이 될 수 있다. 다른 사람과의 경쟁이 아니라, 고요하려는 욕구와 활발히 움직이는 마음 사이의 경쟁 말이다. 하지만 경쟁하는 건 명상이 아니다. 집중해서 다른 온갖 생각을 마음에 가두려 하는 것은 명상이 아니라 집중일 뿐이다. 이와 달리 명상은 깊이 듣는 상태를 말한다. 이것이 명상의 핵심이다. 고요한 곳에 귀 기울이는 것이며, 그때 자기의 뜻을 주장하지 않고 마음을 정해진 습성에 맞추려 하지 않는 것이 명상이다. 즉 마음을 침묵하게 하거나 억지로 어떤 식으로 생각하거나 생각하지 못하게 하지 않는 것이다.

명상할 때 우리는 모든 갈등을 놓아버리고 모든 경험을 하나도 빠짐없이, 모든 인식을 하나도 빠짐없이 있는 그대로 허용한다. 이미 모두 옳기 때문이다. 우리는 느끼는 대로 느끼고, 생각하는 대로 생각하며, 내면의 환경은 어느 때든 있는 그대로이다. 그러므로 그것과 동조하는 것이 더 좋다. 그런 의미에서 명상은 우리의 일반적인 성향을 거스르는 것이다. 때때로 우리가 이렇게 생각하기 때문이다. "내 문제를 이해할 수 있으면 문제가 생기지 않을 거야." 하지만 문제를 이해하려 하는 것이 또 다른 문제를 일으키기도 한다. 내면의 고요한 곳에 귀 기울이려면 모든 경험을 있는 그대로 두어야만 한다. 그렇게 하지 않으면 그것과 다른 갈등을 일으키게 되고, 자기의 생각과 느낌을 통제하려 하게 된다. 반면에 명상은 마음을 능숙하게 통제하는 것이 아니라 통제를 포기하는 것이다.

주관적 관점으로 그것을 바라보려고 해보라. 생각은 일어났다가 시냇물을 따라 흘러 내려가듯이 사라진다. 이때 시냇물에 집중하거나 생각이 있는지 없는지에 집중한다면, 통제되고 의도적인 생각하기에 빠져 있는 것이다. '의도적인 생각하기'란 생각하는 과정에 의도적으로 관여하는 것이다. 그렇게 해야 하는 때도 있지만, 명상할 때는 그때가 아니다.

얼마나 깊이 명상을 할 수 있는지는 귀 기울여 듣는 능력에 달렸지만, 대부분의 사람들은 명상할 때 듣지 않는다. 그보다는 자신이 하는 명상 기법에 얽매여서 바른 방법으로, 혹은 그들이 바르다고 생각하는 방법으로 명상하는 데 매달리면서 그저 마음을 고요하게 하려 한다. 겉으로 드러내지 않고 때로는 인정하지도 않는 의도를 가지고 명상하는 사람들이 있는데, 주의하지 않으면 그 의도가 곧 명상이 되어버린다. 다시 말해, 고요한 마음이든 평화든 행복이든 다른 어떤 것이든, 자신의 의도를 명상하게 되는 것이다. 하지만 명상은 의도를 포기하는 것이다. 명상이란, 의식적으로 생각에 어떤 것을 더하지도 않고 생각에서 아무것도 덜어 내려 하지 않을 때, 또 생각이 일어나도록 하지도 않고 일어나지 않도록 막지도 않을 때 자연스럽게 생각이 일어나는 것이다.

우리의 경험이 끊임없이 변하고 있으므로, 명상에는 부드러움과 유동성이 있다. 경험은 활발히 변화하므로, 그 유동성을 멈추려 하면 의식의 자연스러운 흐름을 거스르게 된다. 그런 의미에서 명상은 맞서지 않음이고, 가장 주관적으로 비폭력과 불간섭을 실천하는 것이다. 어떤 것을 바꾸려 하거나 어떤 일이 발생하지 않게 막으려 하거나 일어나기 바라는 일을 쫓아가는 것은 미묘한 폭력 혹은 통제이다. 명상은 그런 태도를 포기하는 것이다. 하지만 우리는 인정하지 않는 것을 놓아버릴 수 없다. 그러므로 먼저 통제하려는 욕구가 있고 통제하도록 조건화된 노력을 하고 있음을 인정하라. 그것을 보고 그것이 나타나는 걸 지켜보라.

명상은 이를 모두 보는 것이다. 명상은 마음의 본성을 알게 되는 것이고, 마음이 자신을 지배하려 하는 걸 경험하는 것이고, "생각을 멈춰야만 해."라는 생각이 일어나는 것을 경험하는 것이다. 그것도 하나의 생각이므로, 명상은 생각으로써 생각을 보는 것이다. 명상은 반드시 생각을 평가하는 것은 아니고, 다른 때처럼 생각을 견주거나 선한 생각과 악한 생각, 혹은 유용한 생각과 쓸모없는 생각을 구분하는 게 아니다. 명상은 경험의 온전한 본성을 보는 것이다. 마음을 지켜볼 때 마음을 통제하려 하면 다툼이 더 생기고, 마음을 너무 엄격하게 대하면 몸과 마음에 더 심한 경직을 초래하는 것을 알게 될 것이다.

마음을 더 깊이 지켜볼 수 있게 되면 불교에서 말하는 '한 점에 집중'한 경지가 되고, 그러면 알아차림이 예리해져서 더 깊은 의식 상태와 더 깊은 고요함의 상태에 접근할 수 있다. 본질적으로 명상은 엘리베이터를 타고 1층으로 내려가는 것과 같이, 깊이 가라앉아서 존재의 경험을 의식하는 것이다. 어떻게 그렇게 하는지는 알 필요가 없다. '어떻게'라는 건 없기 때문이다. 깊은 명상에 들 수 있게 하는 것은 우리가 하는 것이 아니라 하지 않는 것, 행위를 내려놓는 것이다. 명상은 행위를 내려놓는 기술이다.

내가 명상에 대해 말할 때, 사람들은 처음에 "명상은 어떻게 하나요? 어떻게 해야 하는 건가요?"라고 묻는다. 그런 질문을 하는 것은 이해할 만하지만, 명상은 미지로 들어가는 것이다. 에고의 자아 혹은 거짓 자아는 자기가 아는 것이나 안다고 생각하는 것, 즉 우리가 자신이라고 생각하는 자아를 기반으로 해서 이루어진다. 반면에 미지의 자아는 보통의 방식으로는 알 수 없는 차원의 것이다. 그것은 생각이 아니고, 이미지가 아니고, 믿음도 아니고, 선호하는 것도 아니고, 역사도 없다. 깊이 귀 기울이는 상태로 명상할 때 밝혀질 수 있는 것이다.

생각에 귀를 기울이면 아는 것의 세계에 머무르지만, 명상을 내면의 고요한 곳에 귀 기울이는 행위로 여기면 아는 것을 내려놓게 된다. 우리가 누구인지 아는 것, 명상에서 어떤 일이 일어나야 하는지 아는 것, 명상할 때 우리가 잘하는지 못하는지, 옳은지 그른지, 능숙한지 미숙한지 아는 것 등은 모두 생각 안에 존재한다. 반면에 명상은 의식·알아차림이 미지로 가라앉게 하고, 말없는 것으로 가라앉게 한다. 문제를 일으키는 것은 생각이 아니라 생각에 집착하는 것이다. 우리가 생각을 제거하려 애쓸 때, 실은 생각을 제거하려는 생각에 강하게 집착하고 있음을 드러내는 것이다. 왜냐하면 생각을 제거해야 한다는 생각은 생각 안에만 존재하기 때문이다.

이 모든 것이 명상이다. 자신의 마음을 지켜보고 의식이 경험하는 것을 지켜볼 때, 우리는 마음이나 생각이 만들어낼 수 있는 어떤 것보다 더 깊은 존재의 차원으로 다가가게 된다. 그것은 심오하고 아름다운 의식의 차원이며, (믿음이나 의견, 선호, 감정이나 그것들이 일으키는 느낌 등) 낡은 자아의 개념으로 정의할 수 없고 그것을 훨씬 넘어서는 자아를 경험하는 차원이다. 생각을 그대로 놓아두어라. 생각을 제거하려 하지 말고, 생각에 빠지지도 마라. 생각이 조용해야만 한다고 여기면 그 생각이 우리를 괴롭힌다. 반면에 그냥 놓아두면 생각은 우리를 괴롭히지 않는다. 모든 경험을 그대로 놓아두는 것이 명상이다.

어느 하루를 정해서 귀 기울여 듣기를 권한다. 명상하지 않을 때도 듣는 데 집중하라. 차를 운전하면서도 듣기만 하고, 다른 건 하지 마라. 마음이 말도 안 되는 소리를 해도 그저 들어라. 아무것도 더하지 말고, 통제하려 하지 말고, 듣기만 하라. 어떤 것이 느껴지면 그것을 느끼고, 다른 것은 하지 마라. 단지 그것을 느껴라. 이는 다른 방식으로 귀 기울여 듣는 것이다. 우리는 언제든지 그 순간을 경험하고 들을 수 있고, 존재할 수 있고, 더 깊은 존재감에 다가갈 수 있다. 언제나 듣기의 한 부분인 큰 고요함을 느껴라. 우리가 듣는 것들 중 하나는 고요함이다. 이는 통제된 고요함이 아니고 의지나 투쟁으로 만들어지는 고요함이 아니다. 의식의 일부인 고요함이고, 모든 감각에 귀 기울여 듣는 행위를 통해 나타나는 고요함이다.

명상하는 마음은 대단히 민감하다. 생각은 유용하지만 지나치게 많은 생각은 마음을 둔하게 만든다. 그러면 고요함을 통해 생각을 근본적으로 새롭게 해야 한다. 그러므로 그 날 하루는 내면의 고요한 공간에 귀 기울일 수 있는 여지를 마련하라. 그것을 목표로 삼지 말고, 경험하는 순간마다 일어나는 것에 귀 기울이고 응함으로써, 알아차리는 것을 그저 알아차려라. 그렇게 하면 우리의 경험이 투명해질 것이다. 무겁고 단단하게 느껴지지 않고, 투명하고 덧없게 느껴지기 시작할 것이다. 그리고 그것으로 인해 경험이 더 깊어질 수 있다. 귀 기울여 듣고, 존재의 더 깊은 차원이 의식 안에 생길 수 있는 공간을 만들어라. 이것이 진실로 명상의 자리에 들어가는 길이다.

명상의 핵심

우리의 본성에는 상반되는 게 없다.

● 　　　　20세기 트라피스트회Trappist 수사이자 신학자인 토머스 머튼Thomas Merton은 그의 책 『새 명상의 씨New Seeds of Contemplation』에서 이렇게 썼다. "명상은 이런 '나'가 사실은 '나가 아니'라는 것을 알아차리는 것이며, 관찰과 사색으로 알 수 없고 자신을 설명할 수 없는 미지의 '나'로 깨어나는 것입니다."

　이 구절은 몇 번이고 반복해서 음미할 만한 가치가 있다. "명상은 이런 '나'가 사실은 '나가 아니'라는 것을 알아차리는 것이며, 관찰과 사색으로 알 수 없고 자신을 설명할 수 없는 미지의 '나'로 깨어나는 것입니다." 대부분의 사람들에게 익숙한 '나'는 우리가 하루에도 수백 번씩 부르는 '나'이다. "나는 일하러 갈 거야. 나는 점심을 먹는다. 나는 저녁 먹으러 갈 거야. 나는 이 책을 읽고 있다." 머튼은 이 '나'들이 '나가 아니'라고 말한 것이다. 내가 자신을 규정하는 온갖 길들, 즉 기억, 좋거나 나쁘거나 옳거나 옳지 않다는 판단, 의견, 믿음 체계, 국적·인종·성별과의 동일시를 통해 알게 된 나는 내가 아니다.

　머튼의 말은 명상이란 바로 이 '나', 우리가 인생의 대부분 동안 나라고 규정했던 오래되고 익숙한 자기는 참 자아가 아니라는 사실을 알아차리는 것이라는 의미이다. 우리가 배웠던 '나', 생각과 기억과 이미지를 쌓아서 만들어진 '나'는 거짓 자기이다. 거짓 자기는 끊임없이 변하는 조건화된 생각의 흐름이다. 그리고 그 조건화된 생각—혹은 생각의 대부분—은 어떤 느낌을 불러일으키므로, 그것도 조건화된 느낌이다. 명상의 시작, 깊은 깨달음의 시작, 통찰의 시작은 거짓 자기가 정말 거짓임을 보는 것이다. 이때 '거짓'이란 나쁘거나 잘못되었다는 의미가 아니라 실재하지 않는다는 의미이다. 그것은 더 많은 생각을 나타내는 생각이고, 더 많은 결론을 나타내는 결론이며, 더 많은 이미지를 나타내는 자아상일 뿐이다. 다시 말해, 스스로 발생하는 더 많은 생각을 제외하면 아무것도 나타내지 않는 생각이다. 그것은 자기 확증이 끝없이 이어지는 것이다. 즉 하나의 생각이 다음 생각을 확증하고, 그것이 그 다음 생각을, 또 그 다음 생각을 확증한다. 그리고 모든 생각은 몸의 일부이므로 느낌도 있다. 어떤 것을 생각하고, 이어서 그것을 느끼는 것은 대부분의 인간에게 두 가지 기준점에서이다. "내가 그것을 생각하고 느낀다면, 그것은 실제이다." 하지만 조금만 생각해보아도, 우리가 진실이라고 생각하고 느꼈던 것이 나중에 진실이 아니었음을 알게 되는 경우가 있다.

통찰이란 그 '나'가 실제 '나'가 아님을 알아차리고 미지의 나로 깨어나는 것이다. 머튼은 "관찰과 사색으로 알 수 없고 자신을 설명할 수 없는 미지의 '나'"라는 흥미로운 표현을 선택했다. 겹겹의 자아를 분해하는 것은 해볼 만한 일이다. 머튼이 "미지의 '나'"라고 했던 참나는 (그것을 '나'라고 하든 '자기'라고 하든) 생각이 아니고,

느낌이 아니고, 마음속에 만들 수 있는 이미지가 아니고, 기억으로부터 만들어지지 않기 때문에 알 수 없다. 다시 말해, 일반적으로 사물을 알게 되는 방식으로는 참나를 알 수 없다. 참나는 관찰 자체이기 때문에, 머튼의 말처럼 관찰과 사색으로는 알 수 없다.

그러므로 우리는 거짓 자아만 사색할 수 있고, 거짓 자아만 관찰할 수 있다. 그리고 적어도 일반적으로 생각과 이미지를 사색한다는 의미로는 진정한 자아를 관찰할 수 없고, 곰곰 생각할 수도 없다. 거짓 자아는 백일몽이다. 우리가 아침에 잠에서 깰 때는 에고, 즉 거짓 자아도 우리와 함께 깨어난다. 바로 그것이 머튼이 우리에게 바라보라고 말한 자아이다. 그 거짓 자아는 여러 생각들이 모인 것일 뿐, 있는 그대로의 우리가 아니다. 마음은 안달한다. "도대체 어디에 가서 나를 찾아야 하지? 나의 존재의 진실은 어디 있는 거야? 나의 참 자아는 어디 있냐고?" 마음은 참 자아와 진리를 대상—알아차림으로 접근해서 파악할 수 있는 것—으로 여기고 그것을 찾는다. 하지만 참 자아는 상을 비추지 않기 때문에 이미지가 될 수 없고, 그러므로 대상으로서 인식될 수 없다. 우리의 본성을 직접 인식할 때, 마음이 자신을 성찰하는 측면이 무너진다.

그래서 머튼은 미지의 나, 미지의 자아, 미지의 당신이라고 말했다. 참 당신은 관찰의 대상이 될 수 없기 때문에 미지이다. 즉 참 당신은 관찰 자체이다. 그것은 의식 안에 일어나는 대상이 될 수 없다. 참 본성은 바라보는 의식에 더 가까운 것이기 때문이다. 이를테면 이 글을 읽는 의식, 우리가 보는 걸 보고, 듣는 걸 듣는 의식은 모양도 없고 형태도 없다. 그런 의미에서 그 의식은 미지이다. 존재하지 않아서 미지가 아니고, 숨겨져 있어서 미지가 아니라 만질 수 없다는 의미에서 미지이다. 이는 우리가 손을 뻗어 붙잡으려고 하는 걸 지켜보는 것이며, 따라서 알아차림을 파악하는 것은 알아차림 안에서 일어난다.

"관찰과 사색으로 알 수 없고 자신을 설명할 수 없는 미지의 '나'"라는 놀라운 언어를 사용했을 때, 머튼은 바로 그 점을 가리키고 있었다. 설명할 수 없다는 건 그것이 좋다 / 나쁘다, 옳다 / 그르다, 재능이 있다 / 재능이 없다, 남성이다 / 여성이다, 라고 말할 수 없다는 뜻이다. 참 자아—우리가 그것을 '자아'라고 부르고 싶다면—는 그런 식으로 알 수 없다. 우리가 스스로에게 그 이름표를 붙이긴 했지만, 이름표가 있든 없든 우리는 존재하기 때문이다. 그 이름표는 거짓 자아를 규정할 뿐, 우리를 규정하지 않는다. 우리가 평가해서 규정하는 것은 모두 거짓 자아이고, 자기 판단이 규정하는 것도 모두 거짓 자아이다. 그러므로 거짓 자아는 판단과 평가에 불과하다. 반면에 미지의 자아는 자신에게 말대꾸하지 않는 자아이고, 이름표나 평가, 판단, 의견은 물론, 믿음 체계에서도 찾을 수 없는 자아이다. 그것들은 모두 우리의 의식 안에 존재하는 것이기 때문이다.

머튼은 그것을 '미지의 나'라고 부르고, 참 본성에 대해 결코 긍정적인 진술을 하지 않는다. 거기엔 지혜가 담겨 있다. 우리가 "맞아. 그건 알아차림이야, 그건 의식이야."라고 긍정적인 진술로 본성을 정의하면, 그것은 곧바로 의식 안에서 또 하나의 대상이 되기 때문이다. '의식이라는 생각'조차 의식 안에서 일어나는 생각이지만, 그 의식의 참 본성은 생각을 '초월'한다. 우리는 이를 알고 있다. 우리가 의식을 알든 전혀 모르든, 의식은 제대로 기능하고 있기 때문이다. 그래서 일부 영성에서는 우리의 본성에 대해 긍정적인 진술을 하지 않는다. 다른 전통에서는 본성에 대해 "당신이 의식이다." "당신이 알아차림이다." "당신이 바로 선택받은 사람the One이다."라고 말한다. 그런 식의 설명하는 말들이 오직 그것이 빠뜨린 것을 통해서만 적절한 의미를 가진다는 걸 인정하면 그런 표현들도 문제될 건 없다.

머튼이 '미지의 나'라고 부른 자아, 형태도 모양도 평가도 없는 자아는 의식의 대상이 될 수 없기 때문에 미지이다. 의식에 대한 생각은 항상 의식 안에 있기 때문에 의식은 결코 자신을 의식하는 대상이 될 수 없다. 이것이 명상하는 마음과 명상적 관찰의 핵심이며, 머튼이 말하는 명상의 핵심이다. 우리가 내면에서 본성을 찾을 때 생각이나 이미지, 관념은 의식의 경험 안에서 지나가는 현상임을 알게 된다. 그렇게 될 때 우리는 그 현상을 초월한다. 그런 개념과 관념과 평가가 사라진 단 몇 초 동안에도, 우리가 무엇이든 우리는 여전히 있기 때문이다.

사람들이 본성을 찾을 때 직면하는 어려움 중 하나는, 다른 대상을 찾는 것처럼 자기 자신을 찾을 것이라고 무심결에 기대하는 것이다. 붓다는 무아의 교리를 제시했을 때, 그런 문제가 있다는 것을 알았다. 붓다는 머튼과 유사한 것을 관찰하고 경험했다. 우리가 일반적으로 자기라고 생각하는 '나'는 참나가 아니라는 것 말이다. 붓다는 심지어 '나'가 없고, 자아도 없다고 말했다. 그가 없다고 한 것은 거짓 자아이며, 그 거짓 자아는 조건화된 경향에 의해 영원하지 못한 생각과 느낌과 반응이 모인 것이다. 자신을 가리키는 하나의 생각이 사라지면 즉시 또 하나의 자신을 가리키는 생각이 나타나서 그 자리를 차지한다. 이를 깨달았을 때, 붓다는 우리가 '나'라고 이름표를 붙인 모든 것이 실재하지 않는다는 것을 이해했다. 찾아보아도 존재하지 않는 자신을 가리키는 자기 지향적인 생각의 이면에는 자기가 없다.

"자아는 없다."라는 말은 그걸 부정적으로 표현한 것이다. 여기서 '부정적'이라는 건 '나쁘다'는 의미가 아니라, '부인한다'는 의미이다. 머튼은 그 관점을 긍정적으로 돌려 말해서 본성을 '미지의 나'라고 불렀다. '알려진 나'는 허상이고, '미지의 나'는 대상이 될 수 없는 나이다. 본성을 머튼처럼 '나'라고 부르든, 붓다처럼 '무아'라고 부르든 상관없다. 단, 어떤 말을 사용하든 그것에 사로잡히지 않아야 한다. 말에 사로잡히면 그 말이 전해주는 가르침에 마음을 열지 못하고 딴 데 신경을 쓰게 되기 때문이다.

그 미지의 자아, 즉 본성은 항상 있다. 우리의 본성은 다른 데로 갈 수 없다. 이것을 깨달으면 우리가 늘 거기 있었음을 깨닫게 된다. 이런 의미에서 깨달음은 개발하는 것이 아니라 우리가 이미 항상 그랬고, 또 언제나 그러하리라는 것을 알아차리는 것이다. 깨달음은 더 나은 자아를 발견하는 것이 아니라, 본성이 의식과 알아차림 같은 개념을 초월한다는 걸 아는 것이다. 우리가 사용하는 다른 말들처럼 '의식'과 '알아차림'은 그것이 아닌 것과 관련해서만 유의미하기 때문이다. '높다'는 말은 '낮다'는 말과 관련해서만 의미가 있고, '뜨겁다'는 말은 '차갑다'는 말과 관련되어야만 의미가 생긴다. 이와 마찬가지로 의식을 정의하는 것은 의식이 아닌 것이다.

우리가 사용하는 말을 이해하기 위해서는 그 말이 의미하는 것을 알아야 할 뿐만 아니라 그 말이 의미하지 않는 것도 알아야 한다. '양말'이라는 말을 사용할 때는 차나 비행기나 컵이 아니라 양말을 가리킨다. 그리고 양말이라는 말을 사용할 때는 양말이 아닌 다른 어떤 것도 생각하지 않는다. 그건 비효율적인 데다, 우리가 그 말을 배울 때 양말은 하나의 사물이고, 이는 양말이 다른 어떤 것이 아니라는 의미라고 배우기 때문이다. 하지만 본성을 말할 때, 본성은 다른 것과 상반되는 하나의 사물이 아니다. 본성은 의식의 모든 내용을 초월하고 모든 것을 포괄하는 광대한 존재이다. 생각, 느낌, 다른 모든 것 등 마음의 내용과 더불어, 눈을 뜰 때 보이는 것, 느끼는 것, 듣는 것은 모두 의식의 내용이다. 반면에 우리의 본성은 상반되는 것이 없고, '타자'가 없고, 그것 아닌 것에 의해 규정되지 않는다.

　이제 우리가 마주치는 어려움을 알 수 있을 것이다. 즉 우리가 사용하는 모든 언어는 우리를 속이기 쉽다. 우리의 생각과 자아의 개념, 자아가 쌓아올린 관념을 모두 넘어서는 우리 존재라는 실재를 어떻게 말할 것인가? 본성을 정의하려 하면 항상 그것을 제한하게 되지만, 본성에는 제한이 없다. 따라서 반드시 어떤 시적 감수성을 가지고 말을 사용하고 이해해야 한다. 그러면 신, 불성, 브라만Brahman[힌두교에서 우주의 근본 원리를 뜻하는 말 - 편집자], 혹은 그 무엇이든, 우리가 선택한 다른 것에 대한 정의에 얽매이지 않은 채 상반됨이 없는 것을 가리킬 수 있고 본성을 가리킬 수 있다.

　머튼은 깊은 영적 경험과 통찰을 시적 언어로 표현하는 재능을 가지고 있었다. 그의 말을 다시 한 번 되새기고 싶다. "명상은 바로 이 '나'가 사실은 '나가 아니'라는 것을 알아차리는 것이며,

관찰과 사색으로 알 수 없고 자신을 설명할 수 없는 미지의 '나'로 깨어나는 것입니다." 이 말과 함께 앉아서, 시간이 지나면 그 말이 여러분 안에서 어떻게 살아 있는지 보라. 그것은 참 자아로 열리는 아름다운 길이며, 관찰 대상이 될 수 없는 미지의 나에게로 열리는 아름다운 길이다.

이미 항상 명상하고 있다

알아차림과 고요함은
의식의 가장 밀접하고 명백한 특성이다.

• 명상은 대부분의 은밀한, 그리고 내면적인 영성의 핵심 수행법이다. 내가 명상을 하는 목적은 깨어나기 위해서이고, '깨어남'이란 있는 그대로의 우리의 본성을 밝히는 것이다. 그런데 명상은 다른 많은 목적으로도 활용할 수 있다. 긴장을 완화할 수 있고, 건강에 좋고, 특히 뇌에 좋다. 우리는 대개 정신적, 심리적, 감정적, 영적 위생에 더 주의를 기울인다고 생각한다. 하지만 우리는 이를 닦고, 몸을 깨끗이 하고, 깨끗한 옷을 입고, 집을 정돈하고, 자동차를 관리하는 등 다른 모든 것의 위생을 더 챙긴다. 이렇게 생활하면서 영의 웰빙보다는 생명이 없는 대상들에 더 많은 관심을 기울인다. 하지만 영이 건강하면 영감을 받고, 활기차며, 성스러움과 영원을 직접 느낄 수 있다.

영적이든 종교적이든, 혹은 그렇지 않든 모든 사람은 성스러움에 마음이 끌린다. 일상적인 의식의 표면 아래 잠재한 신비로움에 연결되는 것이다. 성스러운 것이 어딘가에 숨어 있다고 여기고 이를 찾아 나설 필요는 없다. 성스러운 것은 숨겨져 있지 않기 때문이다. 성스러움은 삶의 모든 것이 일어나는 바탕이며, 중대한 의미의 바탕이고, 의미 있다는 느낌—반드시 그 의미가 무엇이라고 정의하는 것이 아니라 그것이 있다는 느낌—이고, 심오하고 신비함을 느끼는 것이다. 명상, 곧 깊은 내면에 귀 기울이는 기술은 그런 성스러움을 우리가 이용할 수 있게 해준다.

나는 명상을 가르칠 때, 우리가 하는 것만이 아니라 단순히 귀 기울여 듣는 수행이라는 전제에 대해서도 강조한다. 명상을 일종의 영적 추구, 결핍된 것 찾기, 혹은 자신을 완성하려 하는 것으로 여길 수도 있다. 하지만 명상은 지금 없는 것이나 우리에게 없다고 생각하는 것을 찾는 대신, 이미 있는 것을 인정하는 데서부터 시작한다. 앉아서 명상하는 사람들에게 내가 하는 조언은, 자신에게 "내가 찾으려는 평화, 고요, 평온이 이미 지금 여기에 있지 않다는 게 진실인가?"라고 질문하라는 것이다.

우리가 생각 아닌 것을 귀 기울여 듣는 상태이면서 그것이 대답하게 하는 상태일 때, 그 질문을 하고 몇 초가 지나면 이미 평온과 평화의 상태가 존재하고 있으며, 알아차림 자체가 이미 존재하는 것을 몸과 의식으로 느낄 수 있다. 우리 마음은 알아차림을 이해할 수 없을지도 모른다. 마음이 알아차림을 붙잡거나 정의하거나 보거나 만질 수 없을지도 모르기 때문이다. 하지만 예를 들어 다른 사람의 목소리를 들을 수 있다는 단순한 사실은 오직 이미 존재하는 알아차림이 바로 지금 기능하고 있는 상태이기 때문에 가능한 일이다. 단지 그 질문만 하면 이미 존재하는 고요, 평화, 평안의 상태에 관심을 기울이게 된다. 그것은 저절로, 그리고 직관적으로 모든 경험의 배후에 있는 알아차림에 우리의 관심을 기울이게 한다.

그렇기 때문에 나는 명상을 "듣는 기술"이라고 부른다. 마음이나 귀로 듣는 게 아니라 우리의 전 존재를 통해 듣는 것이다. 우리의 온몸—육체의 몸과 미묘한 몸—은 대단히 민감한 생물이고, 우리는 명상할 때 몸을 사용한다. 나는 명상이 깊이 듣는 기술일 뿐만 아니라 항상 이미 존재하는 것을 인정하는 기술이라고 생각한다. 어떤 식으로든 지금 있는 것을 인정하지 않으면, 우리는 지금 없다고 '생각하는' 것을 찾거나 만들려고 할 것이다. 그러므로 우리는 어떤 것을 구하고 뒤쫓는 일을 멈추어야만 한다. 설령 그것이 고요함, 마음의 평온, 평화라고 해도 말이다. 그것들이 마치 우리의 현재 경험에 없다는 듯 구하기를 멈추어야만 한다. 그것들은 우리가 현재를 경험하는 기반이기 때문이다.

이런 식의 명상은 많은 사람들이 명상하는 방법과 근본적으로 다를 수 있다. 내게는 그랬다. 내가 명상에서 구하려고 했던 많은 것이 명상을 시작하기도 전에 이미 존재한다는 사실을 마침내 알아차렸을 때, 나는 깜짝 놀랐다. 어느 날 앉아서 명상하다가 내가 알아차리려 하기도 전에 알아차림이 이미 존재하고, 내가 자리를 잡고 평화롭고 고요해지려 하기 전에 이미 평화로운 상태와 평온함이 있다는 것을 관찰했을 때, 나는 그 느낌을 다른 사람들에게 제대로 전할 수 없었다. 명상에서 구하고자 했던 많은 것이 이미 존재한다는 것을 깨달았을 때, 나는 큰 충격을 받았다. 마치 평생 가난하게 살다가 어느 날 주머니에 손을 넣어보니 돈이 가득 들어 있다는 걸 알게 된 것 같았다. 나는 백만장자였다! 당연히 가난하다고 생각해서 주머니를 뒤져볼 생각도 하지 않았고, 밖에서 돈을 얻을 궁리만 했지, 이미 많은 돈을 가지고 있다는 건 전혀 몰랐던 것이다.

이것이 내가 가르치는 명상의 한 부분이다. 지금 없다고 생각하는 것을 구하는 대신 이미 있는 것을 인정하는 것이다. 이는 대부분의 사람들이 명상하는 법과 많이 다르다. 또 내가 가르치는 명상에서는 많은 사람들이 명상을 하다 좌절하는 이유에 대해서도 다루는데, 그 이유란 마음이 매우 바빠 보이고 진정하고 귀 기울여 듣기 어렵기 때문이다. 하지만 알아차림이 이미 존재한다는 걸 인정하고서 명상하기 시작한다면, 우리가 그것들을 구하기도 전에 고요함과 평화는 이미 있다. 마치 우리가 의식을 경험하는 바탕에 고요함과 평화가 이미 있지만, 무엇을 '하는 것'에 사로잡혀서 이를 알아차리지 못하는 것과 같다. 우리가 사로잡힐 수 있는 '하는 것'에는 활발한 명상도 포함된다. 그런 명상은 무언가를 구하고 전혀 충족되지 못한 에고의 마음을 만족시키려 하는 것이 된다.

마음이 재잘거리고 있을 때도 알아차림은 존재한다. 목소리가 소리를 만들어내듯이, 마음속의 생각은 내면의 소리를 만들어내지만, 생각은 알아차림의 고요함 안에서 일어난다. 잠시 그것을 느끼고, 이해하고, 바탕의 고요함을 들어보라. 그렇게 고요함을 알아차려도 금방 알아차림이 사라지고 주의가 산만해질지도 모르지만, 그래도 상관없다. 주의가 산만해도 생각이 알아차림과 의식에서 일어난다는 알아차림은 여전히 있다. 만일 그런 알아차림이 없다면 우리는 생각이 있다는 것조차 알 수 없을 것이기 때문이다.

명상에 대한 흔한 오해와 달리 명상은 생각하지 않는 기술이 아니다. 명상은 이미 생각이 아닌 것을 듣는 기술이다. 바로 생각이 일어나는 공간과 마음이 자신에게 재잘거리는 소음의 고요함이다. 그러므로 명상은 마음을 통제하려 하거나 고요하게 하거나 한 가지만 생각하게 하려는 것이 아니라, 생각을 관련 없게 만든다. 생각은 또 하나의 소음일 뿐이고, 생각의 소음이 생겨도 그것은 고요한 알아차림·의식 안에 생긴다.

알아차림과 고요는 의식의 가장 밀접하고 명백한 특성이다. 지금 없는 것을 끊임없이 구하는 게 아니라 지금 있는 것을 인정하고 알아차릴 때, 우리는 보살핌을 잘 받는다. 항상 이미 존재하는 것은 정말 항상 이미 '있다'. 그것은 우리와 떨어져 있지 않고, 우리 아닌 다른 것이 아니고, 지금 항상 일어나지 않는 것이 아니다. 우리가 여기에 없다고 생각하고 부족하다고 생각하는 것을 구할 때, 마음은 해야 한다고 여기는 것을 자신에게 말하고 있다. "마음을 고요하게 해야 해."라고 말하는 마음은 여전히 시끄러운 마음이고,

"나는 이걸 잘 못해."라고 말하는 마음도 시끄러운 마음이다. 알아차림이 우리 마음과 싸우고 있지 않음을 알아차려라. 마음과 싸우는 것은 마음일 뿐이고, 우리가 느끼는 것과 싸우는 것도 마음일 뿐이지만, 그런 싸움조차도 알아차림 안에서 일어난다.

명상은 이미 존재하는 것을 인정하는 기술이라고 여기는 것이 더 유용하고 확실히 더 쉽다. 앉아서 명상할 때는 그렇게 할 수 있다고 한다면 그건 대단한 일이지만, 우리는 '언제든' 그렇게 할 수 있다. 단 몇 초만 있으면 모든 경험의 바탕에 알아차림과 고요가 항상 이미 있다는 것을 알아차릴 수 있다. 10초든 20초든 짧은 명상부터 시작하고, 하루 동안 그것을 반복한다. 오로지 그렇게 인정하는 수행을 점점 오래 2초, 10초, 20초, 25초 동안 하되, 그걸 싸움처럼 하지 말라. 또 그 수행을 좌절감이 생기거나 패배한 것처럼 느껴지는 경험이 되게 하지 말라. 이렇게 명상하는 짧은 순간들이 우리가 알아차리는 것을 바꿀 수 있다. 그것은 어떤 의미에서는 우리의 의식을 바꾸는 것이다. 그리고 성스러움과 영원으로 열려서 이를 관찰하고 느끼기 시작하고, 이해하게 되고, 또 그것에 민감하게 된다. 처음부터 그런 식으로 시작할 수도 있고 그렇지 않을 수도 있지만, 성스러움과 영원은 이미 항상 존재한다. 우리가 해야 할 일은 잠시 그것을 알아차리는 것이고, 그 알아차림이 바로 명상이다.

우주가 스스로를 깊이 생각할 때

무(無)는 없다.

● 　　　누구나 밤하늘을 올려다본 적이 있을 것이다. 이는 우리의 상상력을 사로잡는 경험이다. 그때 우리는 그 모든 것이 어떻게 창조되고 어떻게 작동하는지, 그리고 어디로 가고 있는지, 광활한 우주를 응시하며 믿을 수 없는 신비를 깊이 생각한다. 우리가 해답을 찾지 못한 의문은 너무나 많다. 그것은 과학적 조사를 할 때도 나타나는 아름다움의 일부이다. 즉 우리가 하나의 진리를 찾아내면, 모르는 줄도 몰랐던 다른 열 가지가 밝혀진다. 지식에는 그런 효과가 있다. 우주의 본질에 대해 어떤 것을 이해하게 되는 일은 멋지고 흥분되며 때로는 힘을 북돋워준다.

주의를 기울이면 자연히 경외감을 느끼게 된다. 우리는 한없이 광활한 시간과 공간의 바다 위에 떠 있는 작은 행성인 지구에 있다. 우리는 거의 바늘구멍만 한 존재도 못 되지만 의식이 있는 존재이다. 우주를 살펴볼 수 있는 한 많은 것을 보았지만 적어도 아직까지는 인간만큼, 혹은 인간 이상의 능력을 가진 다른 지적인 존재를 만나지 못했다.

우리가 있을 수 있는 모든 곳 중에서, 우리가 될 수 있는 모든 존재 중에서, 우리가 어떤 의미에서는 우주의 눈이자 귀이고, 사색하는 능력이라는 것은 놀라운 일이다. 의식은 우리에게 경외하는 재능뿐만 아니라 '알아차리고 있음을 알아차리는' 독특한 재능을 주었다. 우리는 사물을 사색하는 것에 대해 사색할 수 있고, 그 결과 우주가 스스로를 사색하는 일이 일어난다. 우리가 믿기 어려운 신비, 영적 깨어남, 혹은 계시 자체를 바라볼 때, 그것은 가장 깊은 의미에서 우리가 바라보는 신비가 바로 우리임을 보여줄 것이다.

우리로 하여금 실재의 보다 깊은 본성으로 깨어나도록 동기를 부여하고, 몰아가고, 영감을 주는 영적 충동에는 인간적인 요소가 있다. 다시 말해, 우리는 인간으로서 그 깨달음으로부터 원하는 모든 것을 얻고 싶어 한다. 그것은 행복일 수도 있고, 사랑일 수도 있고, 괴로움에서 벗어나는 것일 수도 있다. 하지만 깨어남을 향한 진정한 추진력은 삶 자체에 있다. 그 추진력이 인간적인 의도보다 더 중요하다. 바로 삶 혹은 존재가 자신을 의식하고 자신을 알기를 추구하는 것이다. 자신을 인식하는 의식의 능력에 대한 내 말이 다소 너무 장대해 보인다면, 그럴 수도 있을 것이다. 하지만 잠시 고요하면, 단순한 존재감이 있음을 알 것이다. "내가 존재한다."고 말하기도 전에 일어나는 "내가 존재한다."는 감각이다. 생각이 그 존재감을 규정하기도 전에 존재감이 있고, 우리가 존재함을 아는 감각이 있다. 이것이 의식이고, 의식에 의해 우리가 할 수 있게 되는 것이다.

만일 우리에게 의식이 없어서 생물학적·심리적·감정적 차원의 일련의 원인과 결과를 기계적으로 실행하는 로봇 같고, 존재감이 없다면 어떨까 상상해보자. 의식이 없는 걸 인식하는 건 불가능하다. 의식을 인식하기 위해서는 의식을 가지고 있어야만 하기 때문이다. 주관적인 삶의 경험에 대해 말할 수 있다는 것 자체가 우리에게 의식이 있다는 증거이다.

이것이 삶의 명상적 차원의 놀라운 면이다. 그때 우리는 잠시 내면을 보거나 고요히 있다. 그것은 우리를 존재의 신비라는 경험에 연결해주고, 또 은하와 별들과 아주 멀리 떨어져 있는 것 같은 다른 것들의 신비에 연결해줄 뿐만 아니라 일상적인 사물의 신비에도 연결해준다. 하지만 우리는 세세한 것에 사로잡히기 쉽기 때문에, 삶의 신비와의 연결을 잃고 생명감과 참여감을 가져다주는 경외감을 잃는다. 세세한 것을 추적하기 위해 챙겨야 하는 세부 항목과 장치들이 매우 많은 것 같아서 바쁠 필요가 없을 때조차 늘 바쁘기 쉽다.

나는 수년 동안 어른과 아기는 한 가지 입장에서는 거의 차이가 없다는 생각을 해왔다. 아기의 주의를 끌고 싶으면 밝고 반짝이고 알록달록한 물건을 아기 침대 위에 매달아보라. 그러면 아기들은 그걸 응시하고, 바라보는 재미에 푹 빠진다. 우리 어른들은 스마트폰을 가지고 그렇게 한다. 어른들이 가지고 노는 밝고 빛나는 전자기기들은 실제로 쓸모가 있는데, 그 쓸모로 인해 장난감이 아무도 모르는 새 일상생활의 필수품이 되었다. 그 결과, 하루 종일 문자와 이메일, 혹은 스마트폰으로 일을 하느라 주의가 산만해지기 쉽다. 바쁜 현대 생활을 하는 대가로 우리는 사색의 차원을 잃어버렸다. 앉아 있을 공간이 없고, 밤하늘을 올려다볼 여유가 없고, 우리 자신이라는 신비와 우리가 참여하고 있는 신비를 곰곰이 생각할 여유가 없기 때문이다.

아내 무크티Mukti와 나의 소유지에는 수령樹齡 백 년이 훌쩍 넘는 참나무가 상당히 많다. 가을이면 참나무들에서 열렸다가 떨어진 도토리를 먹으러 사슴들이 다가오는 멋진 풍경이 펼쳐진다. 우리는 창문으로 사슴이 먹이를 찾아오는 걸 보고, 작은 씨앗인 도토리가 자라서 저렇게 큰 참나무가 된다는 사실에 경탄한다. 작은 씨앗 하나가 그 놀랍고 장엄한 나무의 시작인 것이다. 생명이 무엇이든 만들어낼 수 있다는 것과 거기에 아무것도 없는 게 아니라 무엇인가 있다는 것이 나의 상상력을 자극하고 놀라움을 불러일으킨다. 만일 아무것도 없다면 모든 게 훨씬 더 수월할 것 같다. 노력할 필요도 없고, 폭발도 없고, 블랙홀도 없고, 초신성도 없을 것이다. 하지만 아무것도 없는 게 아니라 무언가가 꽤 많이 있다.

그렇긴 하지만, 여전히 우주에는 어떤 것이 있는 것보다 무無가 더 많아 보인다. 요즘 과학자들은 머리를 긁적이며 그 무가 무엇인지 의아해한다. 그들은 그것을 바라보고 깨닫는다. "우와, 이 무는 무가 아니야! 이 무는 '어떤 것'이네." 이 '무'가 중력을 일으킨다. 그래서 '무'는 무가 아닌 것으로 밝혀졌다. 과학자들은 그 무가 무엇인지도 모른다. 과학자들은 그것을 '암흑 물질dark matter'이라고 부르는데, 그건 무가 존재하는 어떤 것이지만 그게 무엇인지 모른다는 걸 으스스하게 표현한 것이다. 그것은 우리에게 신비이다.

어떤 이가 "당신이 살고 있는 세계에서 사는 건 어떤가요?"라고 물으면, 여러분은 인간들이 만들어낸 세계를 생각하기 시작할지 모른다. 우리가 만든 세계는 멋지기도 하고 큰 불행이기도 하다. 하지만 존재의 신비에 비한다면 어떨까? 주의를 깊이 기울인다면 가장 단순한 것도 대단히 신비롭다. 사물만 그런 게 아니라, 연인이나 친구, 자녀와 같은 사람들도 마찬가지다. 어떤 사람이든 주의해서 바라보고, 조금만 깊이 사색해도 오래지 않아 그들이 매우 신비롭다는 생각을 하게 된다.

무크티와 나는 결혼한 지 20년이 넘었고, 어떤 의미에서는 세월이 갈수록 서로 점점 더 잘 알게 되었다. 그것이 우리의 삶을 다른 사람과 공유할 때 아름다운 부분이다. 그런데 서로 더 잘 알게 되는 것과 동시에 상대방의 신비가 더 드러났다는 걸 깨달았다. 나는 그것이 모든 인간관계에서 매혹적인 부분임을 발견했다. 만일 —이건 중대한 '만일'이다— 주의를 기울이면 모든 사람이 매우 놀라운 신비임을 알게 된다. 우리가 어떤 사람들을 너무 잘 알아서 그들이 어떤 행동을 할지, 혹은 어디에 흥미를 느끼거나 느끼지 않을지 예측할 수 있다고 생각하는 경우에도 우리가 표면 아래를 볼 수 있다면 삶은 신비로 가득하다. 신비와 접하지 못하면 우리는 둔감해지고, 존재의 절대 신비와 연결되지 못하면 무의식 상태가 된다. 영성이란 그 신비를 탐구하는 것이다.

그런데 과학에서 얻는 지식과 명상을 통해 얻는 지식은 다르다. 과학에서 얻는 지식은 소위 객관적 지식이고, 영성에서 추구하는 지식은 주관적 지식이다. 뇌 안의 뉴런, 전자, 시냅스, 그리고 몸의 화학 작용이 작동하는 방식과 생물학적 작용 등은 객관적 지식이다. 하지만 우리는 스스로를 과학 연구 주제처럼 다룰 수 없다. 그렇기 때문에 영성에서는 알아차리고 현존하고 자신의 본성을 간파하는 걸 그토록 강조하는 것이다. 그건 자기 주관성의 본성을 간파하는 것이고, 의식 자체의 본성을 보는 것이며, 과학과는 다른 탐구이다. 영성은 주관적인 존재의 경험으로 직접 들어가는 길이다.

우리가 영성에서 해야 하는 일이 그것이다. 사색, 탐구, 호기심의 행위를 통해 자기의 존재라는 신비를 활짝 여는 것이다. 잘 수행한 영성은 주관적 경험에 대한 과학이다. 하지만 다시, 수행을 할 때조차 우리는 도달하려 하는 존재 상태 같은 목표와 이루고 싶은 것에 얽매일 수 있으며, 그러면 존재의 '신비로움'과 신비로운 의식의 존재를 놓치게 된다. 자신을 고치고 어떤 것을 성취하느라 너무 바빠서, 충분히 속도를 늦추어 자기 존재의 신비로운 본성 및 존재감과 "내가 있다."는 인식의 신비로운 본성을 알아차리지 못한다. 우리가 존재함을 알아차리는 것을 알아차리는 것도 비범한 일이다. 지금까지 우주의 다른 어느 곳에서도 그것을 발견하지 못했다. 언젠가 발견할지도 모르지만, 지금은 있는지 알 수 없다.

아무리 우리 자신의 본성을 조사하고 자아를 찾아보아도, 그것을 찾을 수는 없다. 참 자아와 본성을 찾으려고 내면을 들여다볼 때, 가장 먼저 발견하는 것은 자아를 찾을 수 없다는 것이다. 설령 자아가 심리적인 실체일 뿐이라 해도, 그런 가상의 실체를 찾을 수는 없다. 그 대신 우리는 하나의 과정을 발견한다. 즉 변동하는 생각과 그것이 느낌과 감정을 불러일으키는 과정이다. 각각의 생각을 바라보고 각각의 느낌의 배후를 바라보면, 그 안에서 자아를 찾을 수 없다는 걸 알게 된다. 생각은 찾을 수 있지만 그 생각을 하는 자아는 찾을 수 없다. 또한 내면에서 감정은 찾을 수 있지만 그 감정을 느끼는 '나'는 정확히 무엇인가?

영성 수련을 효과적으로 하기 위한 요인 중 하나는 진지하게 탐구하는 것이다. 그리고 그것은 얼마나 정확하게 탐구하느냐에 달렸다. 우리는 영성에서 많은 부정확한 것에 대해 그냥 넘어가는 경우가 있다. 우리가 존재의 본성을 숙고하고 있는데, 어떤 사람이 "당신은 무얼 찾고 있나요? 당신 존재의 진실은 무엇입니까?"라고 묻는다. 우리가 그것을 표현하려 해도 흐리멍덩하고 혼란스럽다. 때로는 경험을 조사하고 의식을 탐구할 때조차 흐리멍덩하고 혼란스럽다. 영성 훈련을 효과적으로, 그리고 제대로 하려면 무턱대고 보는 게 아니라 정확히 보는 능력이 필요하다.

"나의 존재의 본성은 무엇인가? 자아는 어디에 있는가? 그것은 정확히 무엇인가? 그것은 존재하는가? 자아가 아니라면 나는 무엇인가?" 이런 질문들은 빠른 답을 요구하는 게 아니다. 마음을 열고 의식을 열어서, 우리가 마음과 의식을 보다 직접적이고 밀접하게 경험할 수 있게 하려는 것이다. 가장 작은 것부터 가장 큰 것까지, 무엇을 바라보든 주의를 기울이고 있으면 존재에 대한 경외감과 놀라움을 경험하지 않을 수 없으며, 바로 그것이 영적 열망을 일으키는 것이다. 보다 깊은 의미에서, 삶은 본래부터 삶 자체를 온전히 의식하려 한다. 즉 우리가 열망하고 영적인 의욕을 가지게 되는 까닭은 삶 자체가 삶을 의식하기를 원하기 때문이다. 삶 자체가 온전히 깨어나고 온전히 현존하기를 원하는 것이다. 개인적인 관심보다 더 깊은 곳으로부터, 우리가 영성에 대해 바라는 것이나 영성에서 얻으려는 것보다 더 깊은 곳으로부터 영적 충동이 비롯되는 것이다.

다시 말해 완전히 다른 규모로 벌어지는 또 하나의 게임이다. 그 게임은 삶 자체가 할 수 있는 한, 자신을 알아차리기를 추구하는 광대함에 의해 펼쳐진다. 그게 바로 우리가 신비에 연결되는 것이고 장대한 호기심의 기원이다. 그 호기심은 우리가 속해 있는 광대무변한 우주에 대한 호기심일 수도 있고, 우리 자신이라고 여기는 광대한 의식에 대한 호기심일 수도 있다. 그런 것들과 관계 맺는 것은 매우 중요하다. 모든 형태의 깊은 영성에서, 우리가 주의를 기울일 수 있어야 하고 무의식적으로 살아가지 않을 수 있어야 한다고 강조하는 이유가 바로 그것이다. 우리가 바르게 수행했을 때, 영적 수행에서 얻을 수 있는 가장 큰 힘은 무의식적으로 사는 습성에서 벗어나게 되는 것이다. 영적 수행을 하면 우리는 무엇이 일어나고 있는지, 우리가 누구인지, 우리가 무엇인지, 이 세상과 우리의 존재가 얼마나 놀랍고 헤아리기 어려운지를 의식하고 알아차리게 된다. 의식 자체도 놀라운 일이고, 의식이 살아 움직이며 어떤 것에 대한 의식이 있다는 것도 놀라운 일이다. 게다가 의식에 대한 의식이 있는 것은 믿기 어려울 만큼 놀라운 일이다.

솔직하게 삶의 가장 평범한 사건들을 보면, 모든 것은 우리가 생각하는 것보다 훨씬 더 비범하다. 우리 자신의 본성, 그리고 존재의 신비롭고 압도적인 성질과 관계 맺기 위해서는 주의를 기울여야 하고, 현존해야 하고, 다음 순간, 다음 날, 다음 주, 다음 해를 몽유병자처럼 살지 않아야 한다. 순간순간 더 깊은 의식과 알아차림을 기울여야 한다. 그렇게 할 때, 그런 의식 자체가 우리의 온 존재를 변화시킨다.

야외로 나가 하늘을 올려다보고, 우주를 이루는 압도적으로 광대한 공간에 대해 사색하는 건 믿겨지지 않을 만큼 놀라운 경험이다. 그때 우리가 우주의 일부임을 알게 되고 우리가 우주의 의식임을 발견할 수 있다. 우리가 우주에 대해 깊이 생각할 때, 우리는 스스로를 깊이 생각하는 우주이다. 이는 우리의 전 인생에서 가장 경이롭고 대단히 심오한 관점일 수도 있다.

의식을 의식하라

나는 내가 생각한 것이 아닐지도 모른다.

● 　　　앞에서 말한 것처럼 영적 충동의 큰 부분은 삶 자체에서 비롯된다. 모든 사람은 희망과 꿈을 가지고 있지만, 우리가 영성에서 얻을지도 모른다고 기대하는 것을 잠시 접어둘 수 있다면, 훨씬 더 깊고 보다 근본적인 차원에서 삶이나 존재가 자신을 의식하고 온전히 알아차리려고 하는 시도가 일어난다. 이것이 영성의 추진력이고, 또 다른 의미에서 여러 과학의 추진력이기도 하다. 과학은 우주가 자신을 대상으로, 혹은 일련의 대상들로서 객관적으로 탐구하는 길인 반면에 영성은 삶이 자신을 주관적으로 곰곰 생각하는 길이다. 의식의 본성을 심사숙고하는 것은 우리가 존재의 가장 주관적인 경험을 깊이 생각하는 것이다.

　　적어도 영어에서는 '주관적subjective'이라는 말이 반드시 긍정적인 의미는 아니다. 어떤 사람이 주관적이라고 말할 때는 특정한 관점에 사로잡혀서 다른 면을 볼 줄 모른다는 의미이기 때문이다. 그런 면에서 '주관성subjectivity'이라는 말에는 많은 감정적 앙금이 있다. 어떤 앙금은 긍정적이지 않지만, 나는 '주관적인'이라는 말을 긍정적이지도 않고 부정적이지도 않은 의미로 사용하며, 사실에 근거해서 그 말을 사용한다. 영성 수련은 주관적인 존재의 경험을 탐구하는 길이다. 내면으로 들어갈 때, 명상할 때, 우리는 가장 주관적인 존재감을 경험하려는 것이다.

　　거기에는 직접적인 길과 간접적인 길이 있는데, 나는 직접적인 길을 선호하는 편이다. 이때 어려운 점은 그 길이 복잡하지 않다는 것이다. 만일 그것이 복잡하다면 우리의 복잡한 마음에 할 일을 더 많이 주기 때문에 보다 쉽겠지만, 이건 그렇지 않다. 존재의 주관적인 본성을 조사한다는 말은 내면의 주관적 경험으로 주의를 돌린다는 의미이다. '존재의 주관적인 경험'이란 대개 우리가 생각하는 것, 느끼는 것, 의견, 믿음을 가리킨다. 하지만 생각, 느낌, 경험 같은 것들은 결국 주관적이지 않다. 적어도 내가 사용하는 의미에서는 그렇다. 생각과 느낌은 의식적인 알아차림 안에서 일어나서 잠깐 존재한 다음 사라진다. 그러므로 그것은 존재의 가장 주관적인 경험이 아니다. 반면에 우리는 생각하거나 느끼지 않을 때도 알아차림을 경험한다.

의식의 본성을 탐구하기 시작할 때 의식은 이미 있다. 바로 이 순간, 의식은 바로 여기에 있다. 의식을 일어나게 하려고 아무것도 할 필요가 없다. 물론 의식을 불러일으키려 하고 알아차림을 더 만들어내려 하고 더 마음챙김하려 하는 것은 어떤 의미에서 유용하기도 하다. 하지만 보다 직접적으로 마음챙김하는 길은 의식·알아차림이 현존한다는 것과 의식·알아차림이 이미 작용하고 있다는 사실을 인정하는 것이다. 의식·알아차림이 바로 지금 작용하고 있기 때문에, 여러분은 이 글을 읽을 수 있다. 그렇기 때문에 우리는 의식에 대해 느끼는 것을 느낄 수 있고, 의식에 대해 생각하는 것을 생각할 수 있고, 그것을 사색할 수 있다. 의식이 그것을 가능하게 하기 때문이다.

사람들이 의식을 더 깊이 이해하고 보다 직접적으로 경험하려 할 때 저지르는 흔한 실수는, 의식을 마치 하나의 생각 같은 것으로 여기거나 의식을 더 잘 정의해야 한다고 생각하면서 의식을 찾으려 하는 것이다. 그들은 의식을 대상으로 여기고 찾으려 하지만, 의식은 대상이 아니라 가장 주관적인 존재의 경험이다. 우리 눈이 스스로를 볼 수 없듯이, 의식은 자신을 인식의 대상으로 삼을 수 없다. 의식은 항상 궁극적인 주체이기 때문이다.

의식의 본성을 고려할 때, 처음에 해야 하는 일은 의식을 이해하려 하거나 알아내려 하지 않는 것이다. 왜냐하면 그것은 생각하는 것이지만 우리는 생각보다 더 깊이 들어가야만 하기 때문이다. 생각은 가장 주관적인 존재의 경험이 아니지만, 많은 사람들이 그렇다고 여긴다. 자신에 대한 끊임없고 불안한 생각을 통해서 자신을 경험하기 때문이다. 하지만 면밀히 살펴보면 그런 생각들은 모두 의식·알아차림에 나타나는 대상임을 알아차리게 된다.

대상과 경험을 나는 가끔 '내용·content'이라고 부른다. 간단히 말해서, 의식에는 '내용'과 '맥락'이 있다. 우리는 감각을 통해 보는 것, 맛보는 것, 만지는 것, 느끼는 것, 생각하는 것, 상상하는 것 등 경험의 내용을 받아들이는데, 다른 한편에는 모든 경험, 생각,

느낌, 감정, 인식이 일어나는 '맥락context'이 있다. 맥락 자체는 생각이나 느낌이 아니라 생각과 느낌이 일어나는 공간과 알아차림이다. 만일 영적 수행을 하면서 다른 모든 경험의 절정이 되는 대단한 경험이 일어나기를 기다린다면 그 내용에 집착하게 되고, 어느 순간 경험에 나타나는 것, 나타날 수 있는 것, 나타날지도 모르는 것에 얽매이게 된다. 하지만 지금이든 어느 때든 의식에 무엇이든 나타날 수는 있지만, 그것 또한 사라진다. 의식에 나타나는 모든 것은 어떤 의미에서 변하고 있다. 아무것도 오래 지속되지 않으므로 그것은 변화 없이 가만히 있지 않고 영원하지 않다. 그것이 의식의 내용의 본성이다.

붓다라면 의식의 내용은 영원하지 않다고 말했겠지만, 우리는 끊임없이 내용에 집착한다. 보다 지적인 성향을 띤 사람들은 옳은 방식으로 생각하고, 옳은 순서로 생각하고, 지적으로 옳게 이해하면 구제받을 것이라고 여긴다. 그래서 끊임없이 더 미세하고 명확한 관념적 이해를 추구한다. 반면에 보다 감정적인 바탕을 가진 사람들은—주의하지 않으면—옳은 경험이나 옳은 느낌을 가지려고 영성에 많은 시간을 보낼 것이다. 그들은 느낌과 감정의 차원에서 탐구하지만, 느낌과 감정도 의식 안에서 일어나는 것이다.

의식의 본성을 탐구하는 것은 궁극적으로는 단순하기 때문에 더 까다롭다. 우리는 경험의 대상을 찾고 경험을 예상하는 데 익숙하지만, 의식의 본성을 살펴보면, 의식이 모든 경험의 공통 요소임을 알게 된다. 우리가 의식하지 않는 경험을 하거나 의식하지 않는 인식을 하는 것 같은 일은 없다. 항상 의식이라는 요소가 있기 때문이다. 지금 나는 의식으로서 의식 자체를 깊이 생각하려고 생각을 상징하는 말을 사용하고 있지만, 의식의 본성을 탐구하는 것은 생각의 본성을 탐구하는 것과는 다르다. 결국 우리는 '옳은' 관념적 이해를 찾는 것이 아니고 '옳은' 경험을 하려는 것이 아니다. 하지만 많은 구도자들이 최적의 이해나 경험을 찾는 데 매달려 있다.

의식은 모든 경험과 모든 이해가 일어나는 맥락이다. 의식은 이해와 생각을 초월하며 경험도 초월한다. 이는 많은 사람들에게 혼란을 줄 수 있는데, 왜냐하면 우리는 의식을 이해 혹은 경험인 것처럼 이해하려고 하도록 조건화되어 있기 때문이다. 즉 의식의 내용을 붙잡으려 하기 때문에 맥락을 놓친다는 말이다. 거듭 말하건대 모든 경험과 모든 인식의 맥락은 의식 자체이며 알아차림 자체이다.

의식·알아차림을 이해할 필요는 없다. 우리가 그것을 이해하든 이해하지 못하든 상관없이 의식은 작용하기 때문이다. 우리는 "내가 그것을 이해하든 이해하지 못하든 의식은 바로 지금 이 순간 존재한다. 의식은 존재하고 알아차림은 존재한다."고 인정하는 것부터 시작한다. 우리가 명상의 요소를 포함한다면, 탐구도 포함된다. 의식의 본성을 탐구할 때 우리는 자신의 본성과 있는 그대로의 자기 또한 탐구하게 된다. 그중 일부는 '어떤 것'에 대한 의식이 아닌 의식 자체로 돌아가는데, 내용과 맥락을 구별하는 것이 그렇게 하는 데 도움이 된다. 맥락은 의식·알아차림 자체이고, 내용은 그 밖의 모든 것이다. 이렇게 단순히 내용과 맥락을 구별할 수 있으면, 내용을 붙잡는 데 집착하지 않을 것이므로 의식을 깊고 명확하게 이해할 수 있다.

알아차림을 붙잡으려 하는 건 마치 공간을 붙잡으려는 것과 같다. 의식·알아차림은 공간과 유사하므로 나는 의식·알아차림을 공간에 비유한다. 그것은 공간처럼 아무것도 없어서 붙잡을 수 없기 때문이다. 의식은 일종의 빛이지만, 우리가 볼 수 있는 빛이 아니라 다른 것을 볼 수 있게 해주는 빛이다. 1분 이상 의식을 잃는다면 모든 대상에 대한 알아차림이 느리게 점차 소멸할 텐데, 만일 의식·알아차림이 사라진다면 어떤 것에 대한 경험도 없을 것이다. 무에 대한 경험조차 없을 것이고, 텅 빔의 경험도 없을 것이다. 의식·알아차림이 전혀 없다면 아무런 경험도 없다.

이 의식이 존재의 모든 경험을 가능하게 한다. 왜냐하면 진정한 의미에서는 의식이 바로 존재의 모든 경험이기 때문이다. 우리가 이 글을 읽을 때, 우리는 의식하고 있고, 작용하는 의식이 있고, 작용하는 알아차림이 있다. 의식하기 위해 아무것도 할 필요가 없다. 따라서 영적 수행은 더 의식하고 더 알아차리려고 하는 수행이 아니라, 알아차림을 인정하고 의식을 인정하는 과정이다. 의식은 여기에 있다. 우리가 하는 일은 의식을 감지하고 알아차림이 느껴지는 것을 감지하는 것이라고 말할 수도 있다. 의식과 알아차림은 느낌 이상이지만, 모든 느낌은 단지 일어나는 것이기 때문이다.

알아차림을 더 알아차리게 되고, 의식을 더 의식하게 되면, 사물을 직관적으로 느끼기 시작한다. 이는 몸이 의식을 인식하는 길이다. 그래서 나는 이렇게 말한다. 영적 수행이란 결국 의식과 알아차림을 감지하고 느끼려 하는 것이고, 그 느낌 속에 지내는 것이며, 이어서 관념적으로 자기 자신을 생각하고 자신에 대해 말하는 것이 의식의 대상임을 아는 것이다. 그런 것들은 사라질 수 있지만, 의식으로서의 우리는 남아 있다. 모든 생각이나 믿음, 의견은 변화하고 있다. 그것들은 의식을 통해 변화하고 알아차림을 통해 변화하므로, 우리는 이에 대해 몇 번이고 거듭 생각한다. 모든 관념은 생기자마자 곧 사라지기 때문이다.

마음이 생각, 반응, 느낌 등 온갖 것을 불러일으키기를 중단했다고 상상해보자. 마음이 잠깐 멈추었다고 상상해보자. 그 순간 우리는 자신을 정의하는 익숙한 방법을 잊어버렸을 테지만, 그런 익숙한 이름표가 없어졌어도 여전히 알아차림의 근본적인 인식과 의식의 근본적인 인식은 있다. 우리 자신을 규정하거나 판단하지 않아도 지금 그대로인 우리는 존재할 수 있다. 지금 그대로인 우리는 그것을 모두 초월하기 때문이다. 다시 말해 우리는 자신에 대해 생각하지 않아도 여전히 존재한다.

우리는 생각으로서 존재하는 게 아니다. 마음속에서 모든 생각이 5초 동안 멈춘다면, 생각의 변동과 생각이 일으키는 느낌과 감정에 관련된 에고의 자아도 5초 동안 존재하지 않을 것이다. 그리고 자신에 대해 생각할 수 없다면 우리는 모든 자아감을 잃을 것이다. 있는 그대로의 우리는 사라지지 않지만, 우리가 자기라고 생각하는 우리는 사라질 것이다.

우리가 자기라고 생각하는 모든 것—선하다, 악하다, 선하지도 악하지도 않다 등—을 내려놓을 때, 우리는 이전의 존재 상태를 직감으로 알아채기 시작할 수 있다. 그건 의식 자체이고 알아차림 자체이다. 그것은 사색의 일부이며 의식의 본성과 자아의 본성을 탐구하는 것이다. 이는 명상적인 행위인데—이 글을 읽으면서 그것을 느낄지도 모른다—왜냐하면 자아의 핵심 본성까지 파고들려면 알아차림의 보다 객관적인 측면을 넘어서야 하기 때문이다. 자신을 어떻게 규정했든 그 밑바탕에 이르러야만 하고, 우리가 무엇이든 어떤 규정 없이도 존재한다는 걸 깨달아야만 한다.

하지만 어쨌든 알아차림은 여전히 존재하고 여전히 있다. "세상에, 나는 일생 동안 내가 생각했던 그런 사람이 아닐지도 몰라! 사람들이 나를 오해했을지도 모르고, 내가 아는 모든 사람들도 오해받았을지 몰라. 나는 나 자신이라고 생각했던 것과 다른 사람일지도 몰라."라고 감지하기 시작하라.

그 차원은 우리가 면밀하게 바라볼 때 확장되기 시작한다. 자신이라고 생각했던 사람에서 벗어나 전혀 다른 것일 수 있다는 큰 가능성을 감지할 수 있다. 자신의 존재와 자신의 의식이라는 신비에 대한 느낌과 인식을 얻을 수 있고, 의식·알아차림이 모든 경험과 지각이 생기는 선행 조건과 맥락임을 스스로 알 수 있다.

성찰contemplation은 주의를 기울이는 유일한 길이므로, 본래 명상적인meditative 행위이다. 명상적이라는 말은 반드시 결가부좌하고 좌선해야 한다는 뜻이 아니라, 존재의 고요한 공간에 들어갈 수 있다는 의미이다. 그 고요한 공간은 찾기 어렵지 않다. 고요함은 어디에나 있고, 모든 것이 생기는 분위기이기 때문이다. 우리 자신, 우리 존재, 의식 자체를 성찰하는 것은 반드시 우리의 생각만큼 어렵지 않다. 그것은 우리의 짐작보다 더 즉각적이고 직접적이므로 복잡해서 어려운 게 아니다. 만일 어렵다면, 그것이 너무 즉각적이어서 마음으로 이해할 수 없기 때문이다. 옳게 성찰하려 하고 마음으로 옳게 파악하려 한다면, 우리는 여전히 관념적 차원에서 헤맬 것이다. 물론 마음의 관념적 차원을 사용해야 할 경우가 있고, 그것이 강력하고 창조적인 잠재력을 가진 유용한 도구라는 건 의심의 여지가 없다. 하지만 존재의 깊은 본성을 숙고할 때는 끊임없이 일어나는 생각의 변화가 우리를 속일 수 있다. 그로 인해 생각이 곧 자기이고, 자기 인식과 그에 따라 일어나는 연관된 감정과 느낌이 곧 자기라고 여기게 되기 때문이다.

이것은 자신에 대한 것만이 아니라 모든 것과 모든 사람에 대해서도 해당된다. 우리가 어떤 사람에 대해 안다고 하는 것은 생각, 이미지, 과거의 단편, 현재의 판단과 결론 등의 정보를 모았다는 것으로, 이 정보 모음은 누구나 품고 있으며 때로는 기대만큼은 아닐지라도 쓸모가 있을 수 있다. 자신의 본성에 대해 깊이 생각하는 것은 바로 모든 본성과 모든 존재로 통하는 관문이기 때문에 자신만을 생각하는 것이 아니다. 자신의 본성에 대해 사색하면 자기애적인 자기 강박에서 깨어나는 데 도움이 되기에 자기중심적이거나 자기애적인 행위도 아니다. 대부분의 인간들이 집착하는 자아는 그들의 마음속에 존재하는 자아이고, 그들이 그것을 위해 싸우고 보호하고 남들에게 주장할 때나 더 선하고 깨달은 사람이 되려 할 때 그들의 마음속에만 존재하는 자아이다. 생각은 유용하고 강력하지만, 또한 우리가 내리는 정의에 모든 것의 진리가 있다고 여기자마자 의식을 거의 최면에 빠지게 할 수 있는 성질을 가지고 있다.

'무無'는 우리가 그것을 나타내는 말이면서, 바로 우리가 그것을 규정한 방식이다. 깊이 생각하는 것은 뒤덮인 것을 벗겨내고 속에 무엇이 있는지 보는 수단으로, 본래부터 어려운 일이 아니다. 명상을 하려고 의식 깊이 들어갈 필요가 없다. 전혀 그렇지 않다. 단지 바로 지금 바로 여기서 명백한 의식에 현존하여 머물 수만 있으면 된다. 어려운 문제는 그 단순한 것 하나를 하면서 머무르는 것이다. 복잡한 것을 하는 것보다 진정 일관된 단순한 것 하나에 머무르는 것이 훨씬 더 어렵다. 복잡함은 우리를 끝없이 즐겁게 해주고 마음에게 할 일을 제공해주지만, 의식 자체와 직접 접촉하는 것은 붙잡을 것이 없기 때문에 궁극적인 단순함이다. 의식은 알아차림처럼 붙잡을 수 없고 잃을 수도 없다. 산만해지고 다음에 일어나는 생각이나 느낌에 집착하기 시작할 수도 있다. 그 집착도 의식 안에서 일어나므로 우리는 결코 의식을 벗어날 수 없다.

수행하며 애쓰는 사람들은 의식으로 들어가려 하거나 의식을 찾으려 하지만, 흥미롭게도 우리는 의식을 잃을 수 없다. 물론 의식에 '대한' 의식은 잃을 수 있다. 즉 자신이 의식하고 있음을 알아차리지 못한 채, 그걸 숙고하지 못한 채, 혹은 의식이 얼마나 비범하고 신비한 것인지 인식하지 못한 채로 의식이 있을 수 있다. 우리가 의식하고 있음을 놓칠 수 있는 까닭은, 의식이 어디에나 있고 모든 경험의 일부이기 때문이다. 의식 자체는 두드러지지 않으며, 두드러지는 건 다른 모든 것이다. 우리 내면에 있는 의식의 본성을 명상할 때면 의식의 무대에 빛을 비추고 의식이 직접 자신을 인식하는 자리를 마련하게 된다. 이때 의식이 그 내용과 동일시하는 것에서 깨어날 수 있기 때문이다.

이는 의식의 내용이 잘못되었다는 의미가 아니다. 생각하고 느끼는 건 잘못이 아니다. 생각하지 않으려 해도 잘 되지 않고, 느끼지 않으려 하면 부정하는 삶을 살게 된다. 그러므로 지금까지 가졌던 생각을 모두 버리고 다시는 아무것도 느끼지 말라고 권유하는 게 아니다. 문제를 일으키는 것은 생각과 느낌 자체가 아니라 그것들과 '동일시'하는 것이기 때문이다. 존재의 가장 깊은 곳에서 우리가 이기적인 생각과 자기 지시적인 감정을 모두 초월하는 것을 그저 알아차려라. 우리는 그것들보다 먼저 있으며 의식으로서 남아 있지만, 그것들은 사라질 수 있고 또한 사라진다. 그것을 직접 알아차리면 인식의 빛을 비추는 자리가 마련된다. 거기서 마음이 아니라 의식 자체가 자신을 인식한다. 마치 의식이 이렇게 말하는 것 같다. "아! 나는 생각 속에서 길을 잃었고, 감정 속에서 헤맸다. 과거 속에서 갈팡질팡했고, 미래에 대한 생각과 나라고 여긴 것 속에서 헤맸다. 그런데 그중 어느 것도 내가 누구인지 밝혀주지 못한다." 얼마나 대단한 계시인가! 그리고 얼마나 대단한 자유를 깨달은 것인가. 이것이 명상의 핵심이다.

여기에 도달하기 위해 황홀한 의식 상태에 있을 필요는 없다. 보통의 의식이면 충분하다. 경험의 맥락이 경험의 내용보다 오래 간다는 걸 알기에 보통의 경험이면 더없이 적합하다. 의식의 내용은 오고가지만, 맥락은 항상 여기 있다. 그것은 우리에 대해 무엇을 알려주는가?

그것이 내가 명상이라고 할 때 의미하는 것, 즉 어떤 것을 바라보기이다. 바로 그것이 명상이고, 탐구이고, 이제까지 알았던 것과 다르게 우리 자신을 알게 되는 것이다. 이는 짐작도 못했던 방식으로, 우리와 동떨어지지 않은 방식으로 소위 '남들'과 세계를 알아보게 되는 것이다. 주관적인 의식감과 주관적인 자아감에 대해 명상하면 우리를 자유롭게 해주는 통찰을 얻기 쉽다. 하지만 많은 사람들이 경험의 내용을 바꾸는 데 집착하는 영적 수행에 많은 시간을 보내고 있다. 그들은 여러 해 동안 옳은 경험과 옳은 내용을 찾고 있다가 마침내 깨어나서 영적 명상에서 가장 중요한 부분이자 자유롭게 만들어주는 측면이 맥락[의식의 내용이 아니라 - 옮긴이]이라는 걸 깨닫고는 깜짝 놀란다. 그 깨달음 덕분에 그들은 완전히 새로운 기반에서 행동하고, 관계 맺고, 세계에 기여하게 된다. 깨어남은 자기중심적인 행위가 아니며, 바르게 수행하면 결국 우리를 자기중심성으로부터 벗어나게 해준다. 바라건대 깨어남은 우리가 세계 안에서 기쁘고 자비롭게 현존하도록 자유롭게 만들어주고, 우리의 가장 깊은 존재감에 말을 건다. 우리가 세계 안에서 자비롭고 의식적이고 자유로운 현존일 수 있을 때, 진정으로 혁명적인 어떤 것을 제공할 수 있다. 그것은 '존재하기'이다.

너 자신을 알라

내면을 바라보면,
우리가 무엇이든 생각보다 '우선한다'는 걸 알게 된다.

● 　　　　고대 그리스인들은 델포이에 있는 아폴로 신전의 입구에 "너 자신을 알라."라는 말을 새겨놓았다고 한다. 이는 사람들이 자기 자신을 알아야만 신전에 들어갈 수 있었다는 것을 암시한다. 신성한 장소의 문으로 들어갈 때 자신을 아는 것이 중요하다는 것을 전해주는 문구가 새겨져 있는 건물을 보면 이를 알 수 있다. 한편, 그 말에는 은유적인 의미도 있다. 그 신전을 '있는 그대로의 우리'라는 진리, 즉 존재의 진리가 간직된 곳이라고 여긴다면 그 진리에 들어가기 위해서는 우리 자신을 알아야만 한다는 것이다.

　　이는 평범한 지식이 아니다. 일생 동안 일어난 사실, 기억, 일들을 알게 되는 게 아니고, 책에서 읽거나 심리학이나 신학을 연구해서 얻을 수 있는 지식도 아니다. 그것은 보다 즉각적이고, 보다 밀접한 앎이다. 자기가 무엇인지 깨달으려면 자기 자신과 함께 시간을 보내야만 한다. 우리는 늘 자신과 함께 시간을 보내고 있다고 생각하고, 사실 자신에게서 벗어날 수 없다고 여기기 때문에 이 말이 좀 이상할 수도 있다. 하지만 여기서 말하는 건, 보다 깊은 의미로 자기 자신과 함께 시간을 보내야 한다는 것이다. 바로 사색하고, 경험과 의식이 펼쳐지는 걸 조용히 집중해서 관찰하라는 것이다. 의식에 대해 깊이 생각하는 것은 조사하는 것이고, 조사하려면 조용히 바라보아야 한다. 경험을 통해 자기가 무엇인지 깊이 알고자 하는 의도가 있을 때 그렇게 하게 된다.

존재의 본성을 사색하기 시작할 때 두 가지 길이 나타난다. 첫 번째 길은 '깨달은 상대성'이라고 한다. '깨달은'이라고 말하는 이유는 직접적이고 즉각적으로 우리 자신의 진실을 보는 것이기 때문이다. 또한 그 진실을 절대적이 아니라 상대적으로 탐구하므로 '상대적'이라 한다.

나무 한 그루를 생각해보자. 우리는 나무가 뿌리와 몸통, 가지들과 잎들로 이루어져 있다고 여긴다. 그리고 그것으로 '나무'를 정의한다. 그런데 이런 정의는 터무니없다! 살아 있고 건강하고 생생한 나무를 경험해보았는가? 흙과 분리되어 건강한 나무를 본 적이 있는가? 태양 없이 잘 자라는 나무를 보았는가? 공기와 비가 없는 환경에서 사는 나무를 떠올릴 수 있는가? 실제로 흙, 하늘, 태양, 비와 분리된 채 자라고 살아 있는 나무 같은 것이 없다면, 무언가 우리의 조건화된 관점과 상반되었음을 말해준다. 즉 나무는 환경에서 동떨어져서 존재하지 않는다. 환경에서 단절된 나무를 전혀 찾아볼 수 없으므로, 나무가 곧 환경이라고 결론 내려야만 한다. 이것이 일종의 통합의 경험에 ('나무' 같은) 이름표를 붙이는 합리적인 길이다. 나무 한 그루를 만들어내기 위해서는 전 우주가 필요하고, 우주는 한 그루 나무의 형태로 표현된다. 가장 합리적인 이해조차 넘어서는 이런 진리를 알 때, 우리는 그 다음으로 도약해서 모든 것에 모든 것이 담겨 있음을 인식한다. 다시 말해 나무 한 그루가 전 우주이고, 전 우주가 나무 한 그루이다.

이런 생각을 인간에게 적용해보자. 상대적 차원에서 우리 인간도 전체 환경으로서 존재한다. 우리가 세계와 분리되어 있다고 생각할 수도 있지만, 당신과 나와 지구 위에 있는 수십억의 사람들이 존재하려면 전 우주가 필요하다. 바로 지금, 우리가 전체로부터 분리되어 있는가를 시험해볼 수 있다. 20초 동안 호흡을 멈춰보라. 그러면 불편해지기 시작할 것이다. 그 이유는 우리가 몸을 단지 필요한 것으로부터 단절했을 뿐만 아니라 바로 그 몸인 것으로부터도 단절했기 때문이다. 인간으로부터 산소를 빼앗으면 더 이상 인간도 없는 것이다.

환경이 무엇인지 분석하면, 환경이 우리를 이루는 것들과 같은 것으로 이루어져 있음을 알게 된다. 놀라운 영적 작가인 앨런 와츠Alan Watts는 "의식의 본성The Nature of Consciousness"이라는 제목의 강연에서 이렇게 말했다. "보세요, 여기 정원에 나무 한 그루가 있고, 여름마다 사과를 맺습니다. 우리는 그 나무가 '사과를 만들어내므로' 그것을 사과나무라고 부릅니다. 사과를 만들어내는 것이 사과나무가 하는 일입니다. 좋습니다. 지금 여기 은하 안에 태양계가 있습니다. 태양계가 특별한 것은, 적어도 지구 행성에서는, 사물이 '사람들을 만들어낸다'는 점입니다! 사과나무가 사과를 만들어내는 것처럼 말이지요!" 이 말을 생각해보자. "사과

나무가 '사과를 만들어내는' 것처럼 세계가 '사람들을 만들어낸다'. 사과가 사과나무의 일부이기 때문에 사과나무가 사과를 열매 맺는 것처럼, 지구는 인간들을 만들어낸다. 그러므로 지구가 없으면 인간도 없다.

이는 "너 자신을 알라."라는 경구를 바라보는 하나의 길이다. 우리는 통상적인 관점에서 시작해서, 관습을 조사하고, 우리가 환경 안에 존재하는 이유는 우리가 항상 그 환경의 일부였기 때문임을 알게 된다. 이는 초월적 의미의 지식이다. 합리적인 지식이 아니고, 비합리적인 지식도 아니며, 초합리적인 지식이다. 합리를 초월한 지식은 피와 뼈와 골수를 가진 구체적인 어떤 인간도 전 환경과 분리되어 있지 않다는 것을 보여준다. 위대한 영적 스승 니사르가닷따 마하라지Nisargadatta Maharaj가 한 말을 기억할 만하다. "내면을 바라보고 내가 아무것도 아님을 아는 것이 지혜이다. 외부를 바라보고 내가 모든 것임을 아는 것이 사랑이다. 나의 삶은 이 둘 사이를 오간다."

이 말을 뒤집으면 우리 존재의 본성을 성찰하는 두 번째 길을 발견한다. 우리는 내면을 바라보고 진정한 자아, 본성, 진정한 자신을 찾는다. 의식의 내용을 검토하는 것이다. 그럴 때, 외부 세계까지 포함한 '모든 것'이 의식의 내용임을 깨닫는다. 의식이 없으면 세계를 인식할 수 없기 때문이다. 탐구의 흐름을 내면으로 돌리면 우리가 '아닌' 모든 것을 알아차린다. 우리 자신을 규정한 것 안에서는 우리를 찾을 수 없다는 것을 알게 되고, 우리가 자신을 규정할 때 사용하는 생각들을 조사하면 그런 생각 안에는 자기가 없다는 걸 깨닫게 된다. 생각들은 오고가지만, 그 생각들에 대한 인식은 머물러 있기 때문이다. 따라서 아무리 복잡한 생각일지라도, 우리는 생각이나 생각의 모임일 수 없다.

내면을 바라보면, 우리가 무엇이든 생각보다 '우선한다'는 걸 알게 된다. 우리는 생각 이전에 있었고, 생각하는 동안에도 있고, 생각이 사라진 후에도 있을 것이다. 생각이 만들어내는 우리를 말하는 게 아니다. 그건 우리가 생각을 멈추자마자 사라지는 것일 뿐이다. 우리의 본성이 생각하는 마음 안에 존재하지 않는다는 걸 받아들인다면, 우리는 우리 자신을 알려면 어디에서 그 본성을 찾아야 하는가?

우리가 느끼는 것을 가지고 시작하라. 우리가 느끼는 걸 조사해보면 그 감각은 바로 지금, 바로 여기에 있음 중 하나이다. 발아래 땅바닥은 어떤 느낌인가? 몸은 어떤 느낌인가? 마음은 어떤 느낌인가? 우리가 있는 공간의 느낌은 어떤가? 그런 감각들을 느껴보라. 느낌들도 오고가며 항상 변하므로, 우리가 느끼는 것은 우리일 수 없다. 우리에게 일어나는 느낌, 감각, 감정은 아무런 문제가 없지만, 우리가 무엇인지 알려주지는 않는다. 나는 이런 식의 성찰을 항상 과학 실험을 하는 것처럼 여기고 있는데, 그렇게 엄격히 바라보아야 하기도 하고, 흐릿한 생각으로는 자신을 자유롭게 할 수 없기 때문이다. 이렇게 혼잣말을 할 수도 있다. "우리 앞에 놓인 질문은 '내 생각이 곧 나인가, 아닌가?'이다. 그것을 알아내는 유일한 방법은 '생각을 멈추면 내가 사라지는가?'라고 묻는 것이다." 생각에 기반한 자아는 사라지지만 아직 남아 있는 것이 있다. 그건 우리의 의식이다. 그 의식이란 바로 지금 이 글의 내용을 생각하는 의식이고, 우리가 느끼는 걸 느끼는 의식이고, 우리가 보는 걸 보는 의식이다.

그런데 이해하기 어려운 점은, 자신을 찾으려고 내면을 들여다볼수록 더 자신을 찾을 수 없다는 것이다. 그래서 우리는 계속 찾고 또 찾는다. 그래도 결국 자아를 찾지 못하면 이런 생각이 든다. "경험의 내용에서는 나 자신을 찾을 수 없다. 경험의 내용이 끊임없이 변하고 있기 때문이다. 하지만 '내가 있다'는 건 그게 무엇이든 간에 항상 여기에 있는 것 같다. 따라서 의식의 내용은 내가 누구인지를 알려주지 않는다."

니사르가닷따 마하라지의 가르침을 다시 보자. 그 가르침을 부정하기는 어렵다. "내면을 바라보고 내가 아무것도 아님을 아는 것이 지혜이다. 외부를 바라보고 내가 모든 것임을 아는 것이 사랑이다. 나의 삶은 이 둘 사이를 오간다." 마하라지는 "내면을 바라보아도 아무것도 보이지 않을 때" 혹은 "아무것도 보이지 않음을 알

때"라고 말하지 않았다. 그런 말은 마음의 투사이기 때문이다. 그 대신 "내가 아무것도 아님을 안다."고 말했다. 이것은 계시이다. 즉 내면을 바라보고, 아무것도 없는 걸 아는 게 아니라 우리가 바로 그 무無임을 아는 것이다. 그 무를 발견하면, 믿어지지 않을 정도로 깊은 안도감, 자유, 행복, 평온이 일어난다. 그건 우리가 감각을 회복하는 증상이고, 영적으로 말하자면, 깨어나는 것이다.

내면을 바라보고 "너 자신을 아는" 것은 생각과 감각과 기억과 상상과 자기중심적 생각을 넘어서 아는 것이다. 그것들은 우리가 아니기 때문이다. "내가 바로 그 무"임을 발견하고 실재로 깨어나기 전에는 계속 아무것도 발견하지 못하므로 낯설 수 있다. 우리가 마주치게 되는 것은 온전한 무이다! 그것은 빈 상자 같은 무 혹은 사전적인 의미의 무가 아니라 무의 있음이다. 의식은 무이고, 우리가 이런 말들을 알아차리는 것도 무이다.

사랑에 대해서 고찰해보자. 사랑을 경험할 때 자신에게 물어보라. "이 사랑은 무게가 얼마나 되는가? 무슨 색인가? 어떤 소리가 나는가?" 그러면 사랑이 어떤 것이 아니라 무라는 걸 깨닫게 된다. 하지만 그렇다고 해서 사랑이 존재하지 않는다거나 우리가 사랑을 경험하지 않는다는 뜻이 아니다. 하지만 사랑은 사물이 아니고 경험조차 아니다. 사랑은 경험으로서 경험될 수도 있다. 하지만 자녀가 있는 사람의 경우, 심장 차크라chakra에서 자녀에 대한 사랑이 크게 쏟아져 나오는 걸 항상 느끼지는 않는다는 걸 안다. 대부분의 시간에 자녀에 대한 사랑을 느낄지 몰라도, 아이가 식료품점에서 떼를 쓰거나 10대 자녀가 부모에게 소리를 지를 때마저 "세상에, 바로 지금 나는 이 아이를 너무나 사랑해."라고 생각하지는 않는다. 그렇다고 해서 자녀를 사랑하지 않는 것인가? 물론 그렇지는 않다. 우리가 사랑을 많이 느끼지 않을 때도 진정한 사랑은 있다. 진정한 사랑은 일시적인 사랑의 경험을 초월하기 때문이다. 반면에 가짜 사랑은 감정 상태가 사라지자마자 사라져버린다. 그건 기껏해야 풋사랑에 불과하다.

내면을 바라보면, 우리가 무임을 발견한다. 그리고 무가 온전하고 심오하며, 무가 곧 우리임을 깨닫게 된다. 외부를 바라보면, 모든 것이 다른 모든 것과 연결되어 있음을 알게 된다. 그러므로 외부를 바라보든 내면을 바라보든, 우리는 자신의 본성을 발견하게 된다. 역설적이지만 우리는 모든 것이면서 동시에 무이다. 모든 것이 무이고, 무가 모든 것이다. 추상적인 사고에 머무를 때는 말도 안 되는 이야기지만, 우리가 직접적 경험에 이를 수 있을 때 그것은 절대적으로 완전히 의미가 통한다.

"너 자신을 알라." 내면을 바라보고 우리가 무임을 알고, 외부를 바라보고 우리가 모든 것임을 안다. 이것이 신성으로 들어가는 입구이다.

우리가 모든 환경이다

모든 것은 곧 그것의 환경이고,
환경은 곧 개별적인 사물들이다.

●   영적 가르침은 우리를 반쯤 깨달은 자리로 데려가고 마침내 그 상태를 넘어서 깨어남까지 이끌어주려는 것이다. 이때 철학적이거나 순전히 지적인 방식이 아니라, 지적인 사고 과정을 직접적 경험에 연결하기 위해 분별력을 발휘하는 법을 배워야 할 때가 많다. 많은 가르침들에서 이렇게 말한다. "생각이 존재하지만 당신은 생각이 아니라는 걸 알아차려라. 생각은 오고 간다. 반면에 당신이 무엇이든, 당신은 생각이 오고 가는 걸 지켜보는 것이므로 생각은 기껏해야 부차적인 실재일 뿐이다. 당신은 느낌이 아니다. 왜냐하면 당신이 무엇이든 느낌은 당신에게 일어나는 것이고, 역시 오고 가지만 적어도 당신은 변함없이 그대로 남아 있다는 인식이 있기 때문이다."

이는 일반적인 영적 전략 혹은 영적 기법이다. 나는 그것을 명상적 분별이라고 여기고 있다. '명상적'이라는 것은 그것이 교리나 철학이 아니라 그 순간의 실제 경험에 우리를 연결하려 한다는 의미이다. 그때 우리는 의식을 목격자 상태로 만든다. 왜냐하면 분별을 사용하는 영적 훈련에서, 우리는 생각이나 느낌, 심지어 주변 세계에 의해 자신을 규정하는 데서 벗어나는 법을 배우기 때문이다. (이는 분리한다는 의미가 아니다) 우리는 자신이 알아차림이며, 다른 모든 것, 즉 우리가 알아차리는 모든 것과 상반된다는 것을 깨닫는다.

우리 자신이 곧 의식이고 알아차림 자체임을 인식하는 것은 인생을 바꿀 만한 큰일이다. 이는 의미 깊은 통찰이고, 심지어 그 나름대로의 깨어남이라고 부를 수 있다. 그것은 생각이나 느낌과 동일시하는 데서 벗어나 자신이 의식·알아차림이라는 순수하게 주관적인 경험으로 근본적인 전환을 하는 것이다. '하지만 그게 끝이 아니다'. 그건 깨달음의 중간 지점이다. 아직 우리는 인식하는 자와 인식되는 것, 그리고 알아차림·의식과 그것이 알아차리고 의식하는 대상들을 근본적으로 다르게 본다. 반면에 그 다음에 일어나는 보다 깊은 깨달음의 상태에서는 인식하는 자 혹은 목격자 상태가 무너지고 주체와 객체의 인식이 무너진다. 이때 우리 존재의 본성에 대한 진실을 발견한다.

주체와 객체가 무너진다는 게 무슨 뜻인가? 그것은 어떤 경험인가? 이를 가장 잘 묘사하는 방법은 우리가 모든 환경임을 깨닫는 것이다. 우리가 언제든 우리 자신을 발견하게 되는 모든 곳이다. 다시 한 그루 나무를 생각해보자. 나무를 바라보기 시작하면, 우리가 배운 대로 나무가 무엇인지 생각하는 것이 추상적인 관념이라는 걸 알게 된다. 우리는 자연 세계의 대상들에 대해 편리하게 의사소통하기 위해서 그것들을 환원하여 어떤 부분은 희생시킨다. 그럼으로써 우리는 그 대상을 알게 되었고 지배할 수 있다고 생각한다. 하지만 그 대가로 우리는 흙, 하늘, 비, 구름, 공간 같은 환경 없이는 한 그루의 나무가 존재하지 못한다는 사실을 잊어버린다.

우리는 너무 추상적으로 생각해서 이렇게 주장한다. "아니요, 나무는 살기 위해서 태양에 의존하고, 흙에 의존하고, 비에 의존합니다." 하지만 나무는 그런 것에 '의존'하는 게 아니라, 나무와 태양, 흙, 비와 하나로 함께 존재한다. 이런 통일성을 깨달으면 모든 것이 긴밀히 결부된 전체로서 존재함을 깨닫게 된다. "나는 전체이다. 나는 결코 전체에서 분리되어 있지 않고, 전체 아닌 다른 것이 아니다." 우리 몸, 머릿속 생각, 느낌, 온몸을 흐르는 피, 심장 박동, 호흡 등 우리를 이른바 '인간'이게 하는 모든 것은 전체 환경에 의존한다. 햇빛이 없으면 인간은 존재하지 못할 것이다. 그건 수십억 킬로미터 떨어진 차가운 우주 속에 있는 것과 같다. 우리 대부분은 깨달은 존재이거나 성인이 아니라면 "내가 햇빛이다." 라고 생각하기가 쉽지 않기 때문이다.

모든 것은 곧 그것의 환경이고, 환경은 곧 모든 개별적인 사물이다. 그래서 윌리엄 블레이크William Blake는 이렇게 노래했다.

모래 한 알갱이에서 세계를 보고
들꽃 한 송이에서 천국을 보려면,
그대의 손바닥으로 무한을 붙잡고

204
아디야샨티의 가장 중요한 것

한 시간 안에 영원을 담아라.

이는 통일성의 경험과 유사하다. '유사하다'고 말하는 이유는, 우리의 설명이 설명하는 그 자체와 똑같지 않기 때문이다. 하지만 그 설명을 가볍게 편안히 받아들이고 이에 대해 성찰한다면, 언젠가 깨어나서 삶을 보고 경험하는 다른 길들이 있음을 깨달을 것이다. 우리는 세계와 우리 자신을 이름 붙이고 분류하고 따로따로 분간할 수 있는 조각들처럼 경험하도록 배웠지만, 사실 그 조각들에는 독립적으로 존재하는 실재가 없다. 환경이 없다면 그 조각들은 결코 생겨나지 않았을 것이고, 환경이 없다면 지금 존재할 수도 없을 것이다.

우리가 모든 환경이다

생각 이전의 경험

그걸 인식하는 사람을 비롯하여
모든 존재는 신이다.

● 　　　　한 가지 진리를 탐구할 때 모든 것의 진리와 마주치게 된다는 것을 알아차린 적이 있는가? 관념적 마음에서는 그것이 신비로운 통찰 같은데, 때로는 정말 그렇다. 진리가 하나의 계시로서 다가올 수 있기 때문이다. 하지만 지성과 관념적 마음으로 상호연결성이 생생한 사실임을 파악한다면, 그것 또한 정도는 덜할지라도 진리이다. 그것은 영리한 생각이 아니고, 영적 생각이 아니고, 영적인 것도 아닌, 존재의 실상이다. 환경 없이는 나무 같은 것이 없는 것처럼, 다른 존재들이 없는 인간은 없다. 우리의 몸에 대한 추상적인 정의에는 지구, 하늘, 바람, 비, 산소가 포함되지 않지만, 그중 하나라도 없다면 우리는 존재할 수 없다. 태양이 없다면 우리는 존재하지 못하고, 산소가 단 몇 분이라도 없으면 우리는 사라질 것이다. 단지 우리에게 산소가 필요해서가 아니라 우리가 바로 산소이기 때문이다.

　어떤 사람들에게는 이런 말이 관념적으로도 이해하기 어려울 수 있다. 우리는 사물이 나머지 모든 것과 분리되어 있다고 생각하도록 배웠기 때문이다. 하지만 지구 위의 모든 요소가 없다면 인간은 존재할 수 없다. 지구가 인간으로서의 자신을 나타내므로, 인간이 바로 지구이다. 더 나아가 은하가 없다면 지구도 없다. 최근 과학자들은 우주에 과거 짐작했던 것보다 약 열 배 더 많은 은하가 있다는 걸 발견했다고 한다. 그래서 지금은 약 1조 개의 은하가 있다고 추정한다. 무려 1조 개다! 빛의 속도로 우리 은하를 가로질러 가는 데만도 엄청난 세월이 걸리는데, 그런 은하들이 1조 개나 있다는 말이다. 우주가 얼마나 크고 넓은지 입을 다물지 못할 정도로 놀랍다. 그 사실을 절실히 이해할 때 경외감이 일어난다.

당신 한 사람을 창조하기 위해서 그토록 광대한 우주가 모두 필요하다. 그리고 그 우주가 없으면 당신도 없다. 우주가 없다면 인간도 없을 것이다. 우리의 생각은 세계를 조각조각 나누지만, 그건 괜찮다. 그렇다고 생각을 비난하는 건 아니다. 생각은 세계를 여러 조각들로 나누어야만 컴퓨터가 하는 것처럼 그 조각들을 다시 조합할 수 있기 때문이다. 하지만 관념적으로 세계를 여러 조각들로 나누고, 다른 독특한 방식으로 세계를 구성하고, 또 그 조각들을 다시 모을 수 있는 컴퓨터라는 새로운 기술을 만들어내는 마음이 있기 전에는 컴퓨터가 존재하지 않았다는 것을 기억하라.

우리는 언어와 관념과 생각으로 그렇게 한다.

본래 분리되지 않았던 존재를 분리하는 걸 개념화하고, 생각하고, 아는 능력에는 실용적인 목적이 있다. 하지만 그렇다고 해서 관념으로 세계를 여러 조각들로 나누고 그 조각들이 독립적으로 존재한다고 여기는 것이 존재 자체의 진실인 것은 아니다. 우리는 세계를 분리된 것들이 모여 있는 것으로 여기는 경향이 있지만, 사실 모든 것은 상호연결되어 있다.

사물에 대한 우리의 관념과 개념과 정의가 어떻게 상호연결되어 있는지를 아는 경험을 가장 잘 말해주는 것이 '상호연결성'이다. 하지만 우리는 단지 상호연결되어 있는 것만이 아니다. 그보다 더 깊이 들어가면, 사물들은 상호연결되어 있는 게 아니라 사물들은 서로 하나이다, 라고 말할 수 있다. 깊은 단계의 이해지만, 여전히 통일성에 대해서는 표면적인 이해이다. 그 진리는 잘 보이므로 비범한 지성이 없어도 볼 수 있다. 우리는 관념의 세계에 빠져 살기 때문에, 관념이 나눌 수 없는 것을 조각으로 나눈다는 것을 잊었고, 관념은 사물을 실제로 직접 인식하는 것과 일치하지 않는다는 것을 잊었고, 우리가 관념의 세계에 너무 깊이 빠져 있어서 사물을 직접 경험하고 인식하기를 중단했다는 것을 잊어버렸다. 이는 깨달음에서 중요한 부분이다. 즉 깨달음이란 관념이나 개념의 렌즈를 통해 보지 않고 직접 인식하는 능력이다. 깨어남이란 마침내 관념적 이해를 거치지 않고 우리의 존재를 경험하는 것이며, 관념적 세계로부터 깨어나는 것이다.

하지만 걱정할 건 없다. 관념적 세계로부터 깨어난다고 해서 언어를 잃어버리거나 관념을 사용하지 못하게 되는 건 아니다. 단지 관념적 이해를 통해 규정되는 상태와는 다른 존재 상태와 의식 상태에서 살고 인식하게 되는 것이다. 그것이 영적 탐구의 목적이다. 즉 "나는 무엇인가?" 혹은 "나는 누구인가?" 같은 개념과 질문을 사용해서, 하나의 관념이든 여러 가지 관념이든 거기서는 자아를 찾을 수 없다는 것을 알기 시작한다. 그래서 존재의 진리는 어떤 관념으로도 규정될 수 없음을 깨닫는다. 그것을 알게 될 때, 꿈에서 깨는 것 같은 깨우침을 얻을 것이다. 정말로 꿈에서 깨어났기 때문이다! 꿈을 꾸듯 모든 걸 관념적 마음으로 인식하며 사는 상태로부터 깨어난 것이다.

관념적 마음은 이야기꾼이다. 우리가 어떤 것에 대해 말하는 것은 하나의 '이야기'일 뿐, 사물을 있는 그대로 직접적 인식이나 직접적 경험 속에서 만나는 것이 아니다. 그러므로 관념과 개념의 성질, 언어의 구조, 그리고 언어가 우리 마음과 삶을 인식하고 경험하는 데 미치는 영향을 탐구하는 것이 좋다. 그것을 알기 전에는, 우리가 아는 관념과 개념을 통해 삶을 인식하고 경험할 뿐이고, 깨우치거나 관념과 개념을 넘어 자신과 다른 사람들과 다른 것들의 실재를 인식할 가망이 거의 없다. 하지만 깨어난다고 해도 우리에게서 관념이 없어지지는 않으며, 창조적이고 실제적인 목적으로 관념을 사용할 수 없는 것은 아니다. 단지 우리의 실재에 대한 인식이 더 이상 관념에 사로잡히지 않게 될 뿐이다. 영적 가르침은 이렇게 우리를 미지未知로 안내한다.

다양한 비밀스러운 가르침과 종교가 큰 미지에 대해 말한다. 구도자인 우리는 종종 미지를 하나의 장소인 듯이 생각하기도 하고, 어쩌면 '미지'라는 이름을 가진 내면의 장소일 거라고 여기기도 한다. 왜냐하면 우리가 개념에 불과한 것을 가리키고 있다고 생각하기 때문이다. 하지만 이런 생각은 미지를 불완전하게 이해한 것이다. 미지란 간접적이고 왜곡된 사고 기제를 통하지 않고 매 순간을 직접 경험하는 것을 말하는 것이기 때문이다. 왜곡된 렌즈 같은 생각으로 매 순간을 경험하고 인식하지 않을 때, 지금 있는 것을 직접 경험하게 된다. '그때서야 비로소' 우리는 절대적 통일성과 절대적 하나임을 경험한다. 바로 전 세계가 우리 자신의 존재이며, 그걸 인식하는 사람을 비롯한 모든 존재가 신이다.

가장 합리적이고 효과적으로 시작할 수 있는 곳은 자기 자신이다. 어떤 관념이나 개념 없이, 이야기나 기억, 설명도 없이, 이 순간과 자기 자신을 인식하라. 그렇게 하면 왜곡을 모두 멈출 수 있고, 그에 따라 기억과 관념과 개념으로 규정되었던 '나'도 중지된다. 어떤 사람들은 이런 식으로 명상을 하면 겁을 먹는데, 왜냐하면 '자아'는 그들이 이제까지 알았던 유일한 자기이고, 그들은 존재하는 유일한 자기가 자아라고 믿기 때문이다. 그런데 그 자아가 상상일 뿐이라면, 우리가 상상하기를 멈추면 그 자아는 없을 것이다. 하지만 우리가 무엇이든 우리는 여전히 여기 있다. 다만 더 이상 마음, 관념, 개념을 통해 규정되거나 경험되지 않는다.

내면에서 이루어지는 영적 작업이라는 어려운 일은 마음, 관념, 개념, 기억, 믿음, 의견을 통해 인식하는 것이 아니다. 그것들은 전부 생각으로 하는 것이지만, 우리는 생각이 있든 없든 존재하기 때문이다. 어떤 것이든 실재는 그것에 대한 개념이 아니라는 것을 기억하라. 우리 자신이든 세계든 다른 사람들이든 신이든, 이런 것들에 대해 우리가 가지고 있는 개념은 개념일 뿐, 실제 그것이 아니다. 우리가 하나의 생각에도 기대지 않을 때, 그런 것들은 무엇이고, 우리는 무엇인가? 이웃은 무엇이고, 친구는 무엇이고, 세계는 무엇이고, 존재는 무엇인가? 이를 보완하는 생각을 계속 찾는다면 혼란스러워지겠지만, 반대로 생각을 놓아버리면 (잠시라도) 모든 것이 미지인 자리에 있게 된다. 더 이상 자기가 누구인지 모를 것이고, 친구가 누구인지, 이웃이 누구인지 모를 것이다. 그리고 세계가 무엇인지도 모를 것이다. 마음이 그런 것들을 관념적인 표상으로 나타내기를 기대하지 않기 때문이다. 그때 우리는 관념적인 표상 이상인 것, 진정한 것에 도달한 것이다.

진정한 것은 그것에 대한 표상에서 찾을 수 없고, 생각 이전에 즉각 '직접' 찾아야 한다. 그러면 생각이 본래대로 도구가 될 수 있으므로, 우리는 원하는 만큼 생각을 사용할 수 있다. 이 책에 있는 말들 하나하나는 말이 아닌 것을 나타내고 있으며, 이는 생각도 마찬가지다. '나무'라는 생각이 나무를 나타내고 '사람'이라는 생각이 인간을 나타내듯이 어떤 생각은 사물을 나타낸다. 하지만 한 그루 나무는 '나무라는 생각'이 아닌 것처럼 한 인간은 '사람이 라는 생각'이 아니다. 마음을 '일시정지'하면, 생각이 유용할 수 있고 심지어 창조적일 때도 있지만, 어떤 것이 진정 무엇인지는 보여주지 않는다는 걸 알게 된다. 그러면 존재와 우리의 있음을 직접 인식할 수 있는 가능성이 생긴다. 그리고 여기서 깨어남이 일어날 수 있다.

깨어났을 때도 자신이 깨어났다는 생각을 믿지 않도록 주의해야만 한다. 그렇지 않으면 곤란해진다. 어떤 사람들은 깨어난 후에 이렇게 생각한다. "나는 깨어났어. 그러니까 내가 생각하는 건 모두 진실이야." 이건 정말 우스운 말이다. 어떤 말은 다른 말보다 실재를 더 정확히 나타낼 수 있고, 모든 생각이 허위인 건 아니다. 어떤 생각은 진실에 더 가깝고, 다른 생각은 진실에서 더 멀고, 어떤 생각은 진실과 전혀 관계없고, 또 어떤 생각은 다른 생각 말고는 아무것도 나타내지 않는다. 그러므로 마지막 숨을 내쉴 때까지 계속 관념적이고 추상적인 세계—실제 세계가 아니라 실제를 표상하는 세계—에서 살지 않도록 거기서 벗어나야만 한다. 그렇게 하면 비범하게 느껴지고 이런 생각이 들 것이다. "아! 나에게 지난 역사가 있을 수 있고, 나는 그에 대한 생각을 할 수 있고, 어떤 것에 대한 표상을 볼 수 있고, 과거와 현재의 이미지를 가질 수 있지만, 그 생각들은 내가 아니다. 그것들은 나를 규정할 수 없다.

그것들은 어떤 실재를 담을 수 있을 만큼 클 수 없다." 물에 대해 아무리 정교하게 이해해도 물이라는 생각만으로는 갈증을 풀 수 없다는 말이 있다.

"생각은 생각이 나타내는 실제 그것이 아니다." 이 말을 철저히 가슴에 새기고, 철저히 골수에 새기고, 온몸을 흐르는 혈액에 녹게 하라. "생각은 실제 그것이 아니다." 그 다음에 '실제를 모른다'는 중간 단계를 받아들이면, 미지로 들어갈 때 미지는 어떤 장소가 아님을 알게 될 것이다. 미지는 미지의 개념 아래 있는 생생한 실체이다. 요점은 모든 것에 대해 "나는 모른다."고 말하며 평생을 살라는 게 아니다. 앎에서 벗어나 직접 인식하라는 것이다. 모름의 살아 있는 실재로 들어가서 직접 인식하면, 우리는 앎에서 벗어나고 개념에서 벗어난다. 그리고 자신의 실재에 이르고, 모든 것의 실재와 모든 사람의 실재에 이르게 된다. 그곳은 말이 유용한 도구지만 우리가 더 이상 말에 얽매이지는 않는 곳이다.

존재하는 단순한 기쁨

행복이 무엇인지 사색하는 것이 유용하다.

● 　　타호Tahoe 호수 부근의 시에라네바다 산맥은 세계에서 가장 아름다운 곳 중 하나이다. 내 어린 시절에 가장 행복했던 추억들의 일부는 거기서 보낸 시간들이었다. 어떤 산은 북아메리카에서도 제법 높은 편으로 약 4,300미터에 달했다. 그곳은 오르기 어렵고 험한 지형이지만 강렬하고 멋지다. 나는 20대에 존 뮤어 길에 올라 몇 주에서 몇 달 동안 배낭여행을 하곤 했는데, 고요함과 주변 환경의 절대적인 장엄함에 푹 빠졌다. 그 산들은 내게 종교 사원이었고 나는 그 산들을 대성당이라고 불렀다. 그곳은 큰 영감, 평화, 고요를 주는 곳이었고 나는 언제나 그 산들과 연결되어 있다고 느꼈다.

　　2년 전, 나는 수련하러 혼자 차를 몰고 그 산으로 향했다. 내가 사는 곳에서 시에라 산맥까지 가는 데는 4시간가량 걸린다. 언덕에 도달하자마자 나는 그 산에 다시 돌아왔다는 기쁨으로 거의 10분 동안 우렁차게 큰소리로 웃었다. 아름답고 골짜기가 깊은 다른 곳에도 갔었고 아주 좋아하는 황무지에도 갔었지만, 시에라 산맥만큼 좋은 곳은 없었다.

　　특히 배낭여행을 할 때, 산에서 지내는 게 좋은 이유 중 하나는 그곳에서는 진지해져야 한다는 점이다. 특히 도로에서 몇 주 동안 들어가야 할 정도로 거리가 먼 산에 혼자 있으려면 더 진지해야 한다. 자신을 스스로 돌보아야 하기 때문이다. 다른 사람이 부근을

지나가기까지 얼마나 오랜 시간이 걸릴지 알 수 없기 때문에 발목이 부러져도 금방 도움을 받을 형편이 안 되니 무심할 수 없다. 이런 야생지는 아름답고 성스럽고 신성한 느낌이 충만하지만, 놀이터처럼 만만한 곳은 아니다. 도움을 청할 수 없을 정도로 먼 곳에 혼자 있다는 강렬한 경험의 한 부분이다. 세계의 '진짜' 야생지에 가는 게 좋은 이유는 우리가 '그곳의 방식대로' 거기에 들어간다는 것이다. 그렇지 않으면 그곳이 우리를 지워버릴지도 모른다.

몇 년 전, 한 친구와 함께 20일 동안 배낭여행을 했다. 첫 날 밤에 난로를 켰는데, 연료통에 연결되는 선이 망가져버려서 식량은 충분했지만 불을 피울 수 없었다. 시에라 산맥에서는 해발 3,000미터를 넘어가면 야외에서 불을 피우지 못하게 되어 있는데, 우리가 가는 길은 대부분 3,000미터 이상이었기에 우리는 딜레마에 빠졌다. 재미있는 건 난로가 망가진 곳은 차가 있는 데서 하루 거리였기 때문에 얼마든지 되돌아갈 수 있었지만, 친구도 나도 돌아가는 것에 대해서는 한 마디도 꺼내지 않았다는 것이다. 나는 그 여행을 중단할 수도 있다는 가능성을 전혀 고려하지 않았다. 우리는 좀 낮은 지대로 내려오면 가급적 주변을 훼손하지 않으면서 음식을 할 수 있을 정도의 작은 모닥불을 피우기도 했고, 음식을 요리하지 않은 채 먹기도 했다. 갈 길이 36시간쯤 남았던 마지막 밤에 음식이 부족했던 게 기억난다. 옥수수 빵가루 작은 상자가 하나 남아 있었지만 그걸 익힐 방도가 없었다. 3,600미터 가까이에서 캠핑하고 있었기 때문에 불을 피울 수 없었고, 사실 불을 피울 재료도 없었다. 그날 우리는 29킬로미터를 걸었기 때문에 나는 몹시 배가 고팠다. 그래서 옥수수 빵가루를 그릇에 넣고 물을 부어 흔들어서 하나도 남김없이 마셨다. 옥수수 빵가루 한 상자를 다 마셔버린 것이다! 정말 맛이 없었지만, 다음날 32킬로미터를 더 걸어야 했기 때문에 나는 그걸 먹을 수 있어서 기뻤다.

지독히 맛이 없었지만, 나는 정말로 생옥수수 가루를 잘 먹었다. 왜냐하면 그때 생명의 방식대로 생명과 직접 관계 맺고 있었기 때문이다. 우리 인간들은 모든 걸 우리 편한 대로 하는 데 익숙하다. 우리가 얼마나 많은 시간과 에너지와 돈을 써서 편안하려 하고, 여가 시간을 채우려 하고, 결코 고요한 시간을 만들지 않으려고 하는지 생각해보라. 반면에 산에 들어가면 그런 것이 전혀 없다. 3,000미터 이상 되는 곳에 있으면 한여름에도 아침이면 몸이 으슬으슬하고 밤에도 춥지만 얇은 패드 위에서 자야 한다. 그리고 싱크대가 없는 곳에서 요리를 하고 설거지를 해야 한다. 하루 종일 매 순간 끊임없이 환경에 순응해야 하고, 그렇게 하지 않으면 곧 큰 어려움에 부딪힌다.

이것이 내가 항상 산을 좋아하는 이유이다. 타협할 여지가 없기 때문이다. 산은 절대 우리를 편하게 해주지 않지만, 산에 있을 때 좋은 점은 우리가 편안해질 필요가 없음을 발견할 수 있다는 것이다. 피곤할 수도 있고, 발이 아플 수도 있고, 엉덩이가 아플 수도 있지만 우리는 야영용 텐트를 치고, 짐을 풀고, 요리를 하고, 설거지를 하고, 다음 날 아침에는 다시 짐을 꾸린다. 한 가지 일을 마치면 다음 일을 해야 한다. 지금은 많은 사람들이 자연을 멀리하고 배낭여행을 한다는 생각만 해도 끔찍하다고 여긴다. 그런 걸 누가 하고 싶겠는가? 누가 땅바닥에서 자고 싶겠는가? 어떤 사람들에게는 기껏해야 지옥 같아 보일 것이다.

이런 경험은 내가 처음 선禪 사원과 수도원에서 수련하기 시작했을 때를 떠올리게 한다. 우리는 엄격한 영적 수행을 했다. 하루에 약 15차례 명상을 했고, 식사도 명상하는 자리에서 명상하는 자세로 앉아 했으므로 하루에 세 차례 더 했던 셈이다. 내가 가장 좋아했던 것은 운영하는 사람들과 사원이나 수련센터에서 나의 생활을 편안하게 해주려고 하지 않았다는 점이다. 나는 그들이 정해놓은 대로 맞추어야 했고, 그렇지 않으면 집으로 돌아갈 수도 있었다. 절충은 없었다.

고故 혼 지유-케넷Houn Jiyu-Kennett, 法雲慈友 노사는 캘리포니아 샤스타Shasta 산에 있는 샤스타 대수도원의 원장이었다. 그녀의 가르침을 들었을 때가 기억난다. 그녀는 일본의 대단히 큰 사원에서 선 수행을 많이 하기도 했고, 그 과정을 다 마친 최초의 여성이었다. 그 과정은 때로는 지옥같이 힘겨운 경험이었지만 그녀는 마침내 여성으로서 처음으로 조동종曹洞宗에서 인가를 받았다. 케넷 노사는 한 사미승에 대한 놀라운 이야기를 들려주었다. 그곳에 온 지 얼마 안 되었던 사미승은 그런대로 잘 지내고 있지만 잠자리가 비좁다고 불평하기 시작했다. 그 사원에서는 사람들이 명상하고 식사하는 자리에서 잠도 잤는데, 잘 때는 방석을 치우고 얇은 매트를 펴서 그 위에서 잠을 잤다. 사미승이 스승에게 말했다. "잠자리가 좀 좁은 것 같습니다. 좀 더 넓은 잠자리가 필요합니다." 스승이 대답했다. "그러냐? 잠시 마루에 누워보아라." 사미승이 마루에 눕자, 스승이 분필을 들고 사미승의 몸을 따라 윤곽을 그렸다. 이어서 그 윤곽 위에 매트를 올려놓은 후 말했다. "좋은 소식이다. 너의 몸은 지금 깔고 자는 매트보다 작다. 잠자리가 충분히 넓다는 거지. 잘 되었다!"

그건 사미승이 듣고 싶었던 대답이 아니었지만, 부드럽게 이런 가르침을 받은 것이다. "애야, 이곳은 너를 위해 변하지 않는단다. 여기에는 너의 에고를 위한 공간이 없다." 그토록 힘겨운데도 내가 선 수련을 좋아하는 이유 중 하나가 바로 이것이다. 절충은 없다. 그러므로 삶을 너무나 간단하게 지배할 수 있는 '안락 원칙'을 내려놓아야만 한다. 환경이 우리에게 적응하지 않으므로, 우리가 적응해야만 하는 환경 속에 있음을 깨닫는다. 높은 산에서 배낭여행을 한다면 거기에 적응하거나 집으로 돌아가거나 죽어야 한다. 선 사원에서는 그 사원의 절차에 적응하든지 집으로 돌아가야 한다. 다른 사람을 붙잡고 말씨름을 해봐야 아무 소용이 없다. 그곳의 규칙은 우리를 위해 변하지 않기 때문에, 우리가 에고에 갇혀 있다면 그 규칙을 따르기가 매우 어려울 것이다. 우리는 언제나 상황을 개선할 수 있는 수십 가지 방법을 찾을 수 있지만, 선 사원에서는 아무도 우리의 말에 귀 기울이지 않는다. 대부분 이미 들었던 이야기들이기 때문이다.

나는 의례를 좋아하는 사람이 아니다. 또한 나의 스승인 아비스가 그녀의 집 거실에서 사람들을 가르쳤던 것처럼 나도 '형식'을 중시하거나 조직화된 종교가 맞는 사람도 아니다. 하지만 내가 선 수련을 좋아하는 까닭은 산에 있을 때처럼 편안함을 찾는 걸 모두 내려놓고 다른 것에 들어가는 것이 안심이 되기 때문이다. "내 기분이 어떤가? 그게 좋은가? 그게 싫은가? 그게 나에게 맞는가? 그건 나에게 맞지 않는가?" 항상 이런 생각에 몰두하는 데서 벗어날 때 우리 내면 깊이 있는 어떤 것이 기뻐한다. 요즘은 마트에 가면, 하느님 맙소사, 서른 가지나 되는 땅콩버터 중에서 선택해야 한다. 그럼 이렇게 생각할 수도 있다. "와, 운이 좋은걸. 마트에 가면 고를 수 있는 땅콩버터가 서른 가지나 있어." 하지만 세상의 다른 곳에서 굶어 죽을 형편에 처한 사람이라면 땅콩버터가 한 통만 있어도 기뻐할 것이다. 그렇지 않은가? 그들에게 땅콩버터가 서른 가지라는 건 어처구니없는 일이다. 서른 가지 땅콩버터 중에서 고를 수 있어서 그들보다 더 행복한가? 줄지어 늘어선 땅콩버터들 앞에서 몇 분 동안 머리를 긁적이며 어떤 것을 살까 망설이는 게 즐거움을 더해주는가?

내가 말하려는 요점은 많은 것을 선택할 수 있느냐 없느냐가 아니다. 그런 외부적인 것들이 아니라 우리의 내면이 그것들과 맺는 관계를 말하는 것이다. 나는 산에 들어갈 때, 내면에서 항상 "이게 내게 얼마나 유익할까? 이게 내가 감당할 수 있는 만큼 편안할까? 모든 게 내가 원하는 대로 될까?"라고 생각하면서 분석하고 염려하는 것들을 남겨두고 갈 수 있다는 걸 알게 되었다. 산에 갈 때는 그런 생각을 완전히 덜어낼 수 있었고, 듣는 사람이 아무도 없기 때문에 그런 게임이 벌어지지 않는 환경으로 들어갈 수 있었다. 나무들에게 내가 걸어가는 길을 가로막고 서 있지 말고 다른 곳으로 이동하라고 말할 수는 있지만, 나무들은 그 말을 듣지도 않고 다른 데로 움직이지도 않는다. 그 사실을 욕할 수도 있고 그냥 내려놓을 수도 있다. 하지만 그 사실을 내려놓는 즉시 모든 나무는 완전한 자리에 있는 것 같다. 어떻게 그럴 수 있는가? 어떻게 모든 나무는 거기가 완전한 곳인 줄 알고 자랐을까? 나무들은 조금 전까지만 해도 제멋대로 잘못된 곳에 있는 것 같았지만, 지금은 마치 신이 계획한 곳에 있는 것 같은 건 우리의 인식의 바뀌었기 때문이다. 그렇지 않은가? 우리의 지향이 변했고, 가슴이 방향을 돌렸고, 우리가 내려놓았기 때문이다.

우리 서양 사람들은 편안한 것을 중시한다. 내가 사는 로스 가토스Los Gatos는 구릉과 맞닿아 있는 실리콘 밸리의 꽤 아름다운 소도시이다. 어느 날 아내 무크티와 함께 시내를 걷다가 매트리스를 파는 가게 앞을 지나갔다. 그곳의 매트리스는 모두 유기농 제품이고, 특별한 재료를 사용했고, 시중에 나와 있는 최첨단 기술로 만들어진 제품들이었다. 웃음이 나왔다. 그렇게 완전한 침대가 필요할까? 우리는 편안함이 행복하게 해준다고 배웠고, 원하는 것 모두를 원하는 만큼 많이 가지고, 능력이 되는 대로 많이 가지면 행복하다고 배웠다. 원하는 대로 일이 이루어지면 행복하다. 똑같은 것 중에서 무한히 다양한 선택을 할 수 있으면 행복하다. 그렇지 않은가?

내 말을 오해하지 않기를 바란다. 그런 걸 선택할 수 있다면 나는 원하는 것을 선택할 것이고, 그렇게 많은 선택을 할 수 있는 곳에 사는 어처구니없는 행운을 가졌음을 인정할 것이다. 우리가 세 가지 땅콩버터만 있었던 시절로 돌아가지 않을 것이라는 걸 나도 안다. 내가 어렸을 때도 땅콩버터는 세 가지 이상 있었고, 그것도 이미 오래 전 일이다. 어떤 면에서는, 바로 그렇기 때문에 나는 황무지에 있는 것에 대해 말하는 것이다. 그게 우리에게 좋다고 생각하기 때문이다. 나는 때때로 나 자신이 허기, 불편함, 추위를 익숙하게 느끼도록 유지하기 위한 일들을 한다. 이따금 특별히 노력해서 덜 편안해짐으로써 삶과의 접촉을 잃지 않으려 하는 것이다.

나는 대단한 특권을 가지고 있고, 원하면 언제든 편안한 상태로 돌아갈 수 있다는 걸 안다. 그것이 내 처지이고, 여기가 내가 사는 나라이기 때문이다. 미국에는 빈곤한 사람들이 놀라울 만큼 높은 비율로 있지만, 그래도 대단히 부유한 나라이다. 우리는 집에 들어가면 온도에 따라 히터나 에어컨을 켜고, 어두워지면 전등을 켠다. 그런데 필요한 것보다 더 많이 소유하고 있을 때, 우리는 끊임없이 삶을 관리하게 되며, 그렇기 때문에 산으로 돌아가서 산의 방식대로 사는 것이 좋을 수 있다. 산에서 삶을 날 것 그대로 직접 경험하는 데 자유가 있다. 황무지에서는 날이 어두워지면 잠을 자야 한다. 손전등을 켜고 책을 읽을 수는 있지만 곧 전지가 방전될 것이고, 그러면 잠을 자야 한다.

행복이 무엇인지 숙고하는 게 유용할 것이다. 여기서 행복이란 영적 깨어남 및 계시와 연관된, 보다 깊은 만족감을 의미한다. 보다 상대적인 차원에서, 당신은 이따금 무엇이 행복을 주는지 깊이 생각하는 시간을 가지는가? 편리한 도구를 가지는 건 좋고, 원하면 언제든 냉장고 문을 열어 맛있는 걸 꺼내 먹는 것도 좋지만,

그건 '즐거움pleasure'일 뿐, '행복happiness'이 아니다. 무엇이 우리를 행복하게 해주는가? 무엇이 행복에 기여하는가? 무엇이 행복을 빼앗는가?

이런 질문들을 성찰하면, 우리의 감각으로, 우리의 중심으로, 우리의 가슴으로, 우리의 존재로 돌아갈 수 있다. 다시 단순한 것들을 사랑하고 감사할 수 있다. 다른 사람의 행복한 삶에 기여할 때 우리가 가장 행복하다는 것을 알아차릴 수 있다. 다른 사람의 삶에 긍정적이고 인정 많은 존재가 되는 것이 우리의 행복에 크게 기여한다.

늘 편안하게 산다고 해서 반드시 행복한 건 아니다. 매년 산으로 돌아갈 때면 나는 그 사실을 발견했다. 산에는 '있음'의 측면인 행복이 있기 때문이다. 있음 자체가 행복이다. 순수한 있음의 행복조차 넘어서, 무엇이 행복과 번성함과 사랑과 기쁨에 기여하는가? 생각은 나를 가장 편안하고 안락하게 해주지 못한다. 다른 사람의 행복한 삶에 기여하고, 잘 사랑하고, 자연과 연결되는 것 같은 행동을 할 때 나는 만족감을 얻게 된다.

우리에게는 다양한 친밀한 관계들이 있다. 그렇지 않은가? 친구들, 연인들, 가족들과 맺는 친밀한 관계가 있고, 마트에서 줄을 서 있다가 만난 낯선 사람과 친밀한 관계가 될 수도 있다. 보다 깊은 차원에서 우리 존재의 진실과, 삶의 신성한 차원과, 소위 '주변 세계'와 친밀한 관계를 가질 수 있다. 도겐Dogen, 道元 선사는 '깨달음이란 만 가지 것들과 절대적 친밀함을 맺는 것'이라고 말했다. 불교에서 '만 가지 것들'이라는 말은 '모든 것'을 의미한다. 깨달음이란 무엇인가? 모든 것과 맺는 절대적 친밀함이다. 그것이 행복이다.

영적 교사로서 사람들의 얼굴에서 기쁨을 발견할 때 놀라게 된다. 큰 도약이든 미약한 발전이든, 어떤 사람이 다음 단계로 발전하는 것을 목격하는 건 멋진 일이다. 우리와 다른 사람들의 행복에 기여하는 것들에 대해 숙고하되 그걸 안다고 여기지 않는 게 좋다. 그리고 숙고할 때 "나는 얼마나 많은 에너지와 생명력을 행복해지는 데 쏟고 있는가?"라고 물을 수 있다. 무엇이 행복에 기여하는지 명상하라. 그러면 어떤 것을 발견하고 놀랄지도 모른다.

우리가 어떻게 다른 사람들의 행복에 기여하는지 알면 흥미로울 수 있다. "내가 어떻게 해야 하는가?"라고 묻지 말고, 다시 말해 죄책감이 들게 하는 말로 바꾸지 말고, 그저 "내가 어떻게 하는가?"라고 물어라. 우리를 행복하게 하는 게 무엇인지 남에게서 들을 필요가 없고, 다른 사람들을 행복하게 하는 게 무엇인지도 남에게서 들을 필요가 없을 것이다. 그보다는 고요해야 하고, 무엇이 행복에 도움이 되는지 성찰해야 한다. 사람들을 행복하게 하는 것은 인간의 가슴과 영혼을 감동시킨다.

당신에게 감동을 주고 성스러움을 일깨워주는 활동에 산속을 터벅터벅 걷는 건 포함되지 않을지도 모른다. 당신은 어떤 활동을 하는가? 당신이 다시 관계를 맺도록 돕는 건 무엇인가? 얼마나 자주 그 활동을 하는가? 그것에 대해 깊이 생각하라. 우리 자신의 행복한 삶을 위한 수단과 다른 사람들의 행복한 삶을 위한 수단은 생각보다 훨씬 밀접하다는 걸 알게 될 수도 있다. 그때 행복, 웰빙, 사랑, 자비심 등 모든 요소가 통합되기 시작한다. 그리고 우리는 그것들이 같은 것을 말하고, 살고, 경험하는 다른 길들임을 알아차리기 시작한다.

존재하는 단순한 기쁨

청정한 불심

모든 것이 일어나는 곳은 무無이다.

● 　　　주관적 경험을 탐구한다는 것은 우리가 바로 지금 하는 경험과 그 경험을 하는 주체가 무엇인지를 탐구하는 것이다. 우리 모두에게 있는 문제들 중 하나는 마음이 조건화되어 있고, 몸이 조건화되어 있고, 그에 따라 우리가 삶을 인식하고 경험하는 것도 조건화되어 있다는 것이다. 우리는 영성 수행에서 이를 배운다. 그것은 사실이고, 바로 그것 때문에 우리는 괴로움을 겪고 세계 혹은 자신을 통합된 전체로서 인식하지 못한다. 많은 사람들이 "조건화된 마음에서 벗어날 수 있으면 깨우칠 수 있고 깨달음에 도달할 수 있다."는 생각을 한다. 그래서 영적 수행자들은 조건화된 것을 될 수록 많이 제거하려고 부지런히 노력한다. 그런데 그렇게 하든 그렇게 하지 않든, 우리의 존재와 의식 중 우리가 미처 알아차리지 못하는 부분이 있다. 의식의 청정한 본성이다.

　　잘 살펴보면 모든 사람의 마음과 생각은 조건화되어 있음을 알 수 있다. 그런데 조건화된 많은 것들은 쓸모가 없다. 그리고 오해, 괴로움, 두려움, 분노, 폭력을 초래한다. 또한 컴퓨터 프로그래밍과 유사하게 조건화된 것도 흔히 볼 수 있는데, 그것은 우리가 생각하지 않고 어떻게 그렇게 되는지 알지 못해도 심장이 박동하게 하고 폐가 숨쉬게 한다. 하지만 모든 사람과 모든 것에는 조건화되지 않은 의식의 측면도 있다. 우리가 어떻게 조건화되어 있든 상관없이, 의식의 가장 본질적인 부분은 조건화되지 않은 채 항상 청정하게 남아 있다. 간단히 말해서, 마음과 몸의 조건화된 부분을 알아차리고 심지어 의식의 조건화된 부분까지 알아차리는 의식 자체는 조건화되어 있지 않다. 우리는 조건화되지 않은 의식, 즉 청정한 의식으로 지금 이 순간을 인식한다. 그것은 무한하고 고요한 공간에서 마음이 혼잣말을 하고 있음을 알아차리는 경험이다. 그러므로 마음이 혼잣말을 아무리 많이 한다 해도, 그것은 고요 안에서 하는 것이다. 마음속에서 생기는 모든 말은 무언의 의식 안에서 생기고, 모든 느낌은 느낌 아닌 것에 의해 느껴진다.

우리는 들음을 들을 수 없고, 맛봄을 맛볼 수 없고, 촉감을 만질 수 없다는 말이 있다. 이렇게 지각하는 것들 중 어느 것도 물리적으로 붙잡을 수 없다. 이를테면 들음을 생각해보자. 우리는 조건화된 대로 듣는다. 우리가 듣는 모든 것은 마음의 바탕을 거치며, 그때 우리의 마음은 그 소리가 유쾌한지 불쾌한지, 우리가 그걸 좋아하는지 좋아하지 않는지, 그 소리에 동의하는지 동의하지 않는지 등등을 우리에게 말한다. 그런데 그럴 때조차 그것은 조건화되지 않고 에고가 없는, 의식 이전 상태 안에서 일어난다. 생각의 소음이 고요하고 말없는 공간 속에 존재하는 것처럼, 에고는 에고 없는 상태 속에 존재한다.

나는 바로 지금 직접적인 경험으로부터, 누구든 보고 겪을 수 있는 경험으로부터 이 글을 쓰고 있다. 심오한 철학 이론을 옹

호하는 게 아니다. 우리는 자신을 영원히 조건화되지 않게 하려 할 수 있지만, 문제는 우리가 조건화를 제거하자마자 곧 다시 조건화된다는 것이다. 우리는 자신을 조건화된 상태에서 벗어나게 하려 할 수도 있고, 아니면 의식의 근거는 이미 조건화되어 있지 않다는 것을 알아차릴 수도 있다. 조건화는 의식의 근거 안에서 일어날 수 있고, 그 안에서 약해질 수 있지만, 의식의 근거 자체는 조건화되어 있지 않기 때문이다. 불교 용어로 말하자면, 그것은 생각하는 마음이나 관념화하는 마음이 아니라 청정한 불심佛心이며, 그 안에서 관념화가 일어나고 조건화가 일어나서 경험되고 느껴진다. 산스크리트어 '붓다buddha'는 '깨어난' 혹은 '깨달은'이라는 뜻이다. 그런 의미에서 우리의 알아차림이 붓다인 것 같다.

조금이라도 경험을 바꾸려 한다면 알아차림을 인식하기 어렵다. 하지만 우리는 언제나 경험을 바꾸려 하는 데 익숙하고, 경험을 그대로 놓아두는 데 익숙하지 못하다. 모든 지각하는 경험을 그대로 놓아두면—경험을 해석하지 않고, 경험이 옳다거나 그르다거나 조건화되어 있다거나 조건화되어 있지 않다고 생각하지 않고—그리고 모든 것을 그대로 놓아두면, 의식의 본성과 알아차림의 본성이 우주나 하늘과 같이 막힘이 없다는 걸 직감으로 알게 된다. 그것은 무無이지만, 그 안에서 모든 것이 일어나는 무이다. 하지만 '알아차림의 궁극적 본성은 청정하고 그 안에서 모든 것이 일어난다'는 식의 말을 할 때는 조심해야 한다. 그때 우리 마음이 알아차림의 본성과 그 안에서 일어나는 것들이 '다르다'고 생각할지 모르기 때문이다. 의식·알아차림의 청정하고 순수한 본성은 어느 시점에서 순수해지는 게 아니라 이미 순수하다. 알아차림 안에서 약간의 불순함과 왜곡되고 조건화된 관점이 일어나더라도, 알아차림 자체는 왜곡되어 있지 않다. 하지만 알아차림은 그 안에서 일어나는 것들과 분리되지 않고 다르지도 않다.

일어나는 모든 것, 즉 경험되고 느껴지고 알려지고 인식되는 모든 것은 의식 안에서 시작된다. 우리가 경험하는 것들 중에 의식·알아차림 안에서 일어나지 않는 것은 없다. 그것을 알든 모르든 모든 것이 항상 의식·알아차림 안에서 일어난다면, 아무것도 의식·알아차림에서 분리될 수 없고 의식·알아차림과 다를 수 없다. 일어난 모든 것과 의식·알아차림이 서로 분리되어 존재하는 것을 찾을 수 없기 때문이다.

내가 말한 것에 기반해서 철학적인 논의를 하고 실재의 본성에 대해 온갖 흥미로운 질문을 하기 쉽다는 걸 안다. 하지만 지금은 우리가 어떤 것을 의식하지 않아도 그것이 존재하는가에 대해 깊은 철학 논쟁을 하려는 게 아니다. 어떤 영성 학파에서는 우리가 의식하기 전에는 아무것도 존재하지 않는다고 주장하고, 다른 학파에서는 그와 다르게 주장하지만 지금은 그에 대한 논쟁을 하려는 게 아니다. 내가 말하고자 하는 점은, 바로 지금 이 순간 우리의 의식 안에 있는 것은 모두 필연적으로 지금을 알아차리는 의식에 의해 (어느 정도) 조건화되어 있다는 것이다. 반면에 조건화를 알아차리는 의식 자체는 조건화되어 있지 않다.

나는 지금 언어의 한계까지 밀고 나가고 있지만―의식의 본성이 조건화될 수 있고, 동시에 조건에 얽매이지 않을 수 있다고 말하므로―우리가 그걸 알아차리면, 의식 자체를 알아차리는 바로 그 행위가 순수하고 조건화되지 않은 것이다. 2차 행위―알아차리고 보고 듣는 것을 생각하는 것, 그것을 분석하는 것, 그리고 그것을 자신이나 남에게 설명하는 것―는 조건화되어 있다. 조건화가 항상 '나쁜' 것은 아니다. 조건화 덕분에 지금 심장이 뛰고 신경세포가 활성화되고 있기 때문이다. 영성 수행을 하는 사람들은 사람들이 제각기 조건화되어 있기 때문에 혼돈, 괴로움, 분노, 동요가 생겨난다는 말을 많이 하므로, 조건화를 부정적으로만 보는 경향이 있다. 하지만 앞서 말했듯이, 긍정적인 조건화도 상당히 많다. 지금을 경험하는 걸 돕기 위해 바로 지금 뇌 속에서 일어나는 작용은 대부분 조건화되어 있기 때문에 저절로 일어나고 있다. 그렇게 프로그램되어 있는 것이다.

반케이 요오타쿠Bankei Yotaku, 盤珪永琢는 17세기 선승이다. 그는 구도자일 때 밤낮을 가리지 않고 명상에 몰두해서 다리 근육이 위축될 지경이었고 결핵으로 사경을 헤맸다. 하지만 막 숨이 넘어가려는 찰나에 큰 깨우침을 얻었다. 그는 그것을 '태어나지 않는 불심佛心'이라고 불렀고, 우리가 귀로 듣고 들은 것을 아는 것처럼 단순한 일들이 '태어나지 않는 불심' 때문에 일어난다고 말했다. 우리가 듣는 것은 조건화되어 있지만, 태어나지 않는 불심은 조건 화되어 있지 않다. 또 우리가 보는 것은 조건화되어 있고 환경에 그 존재를 의존하므로 환경에 의해 조건화되어 있지만, 태어나지 않는 불심은 그렇지 않다.

이는 의식이 환경과 분리되어 있다는 의미가 아니다. 그렇지 않기 때문이다. 하지만 그것을 조사하기 위해서, 여러분의 의식이 조건화되지 않은 것을 알려고 해보라. 여러분의 의식은 의식 안을 떠다니는 생각들이 아니고 의식 안에 일어나는 느낌이 아니라, 의식·알아차림 자체이다. 여러분은 지금 여기서 말하는 환경 안에 자신이 있다고 생각할 수도 있지만, 우리 존재의 조건화되지 않은 본성이 있다는 것과 그것이 청정하다는 것을 깨닫고 알게 되면, 그런 의미에서 조건화되지 않은 본성은 불심이다. 조건화되지 않고 청정한 불심은 모든 사람 안에 존재한다.

당신이 불심 안에 몸을 숨기려 한다거나 모든 조건화로부터 숨으려 한다거나 하는 허튼소리를 하려는 게 아니다. 우리 존재의 조건화된 부분이 조건화되지 않은 의식의 본성과 의식적이고 잘

아는 방식으로 상호작용을 하게 된다면 상당히 많은 치유가 일어날 수 있다. 조건화된 것과 조건화되지 않은 것이 의식적으로 만나면, 불필요한 조건화를 매우 효과적으로 약화시킨다. 조건화된 것과 조건화되지 않은 것을 별개로 보는 것은 동전 던지기를 해서 어느 쪽이 나오는지 보는 것과 같다. 한쪽만 보면 조건화되어 있지만, 뒤집어보면 조건화되어 있지 않다. 하지만 알아차림에 비추어보면 또 다른 요소가 있다. 우리는 일어나는 것을 의식하고 있다.

의식을 의식하는 것은 의식을 의식하지 못하는 것과 다르다. 우리의 의식적 존재—불심—의 근거가 청정한 본성임을 의식하는 것은, 단지 우리 존재의 조건화된 성질만을 아는 것과 전혀 다른 존재 상태이다. 이것이나 저것 중 하나만 선택하는 게 아니라 똑같은 것의 앞면과 뒷면을 모두 보는 것이다. 자신의 존재가 '조건화되어 있음'을 의식하고, 동시에 자신의 존재가 '조건화되지 않았음'을 의식할 때, 의식이 그 전부를 통하므로 상호작용과 변화가 일어난다.

조건화되지 않은 것이 조건화된 것을 만날 때, 즉 후자보다 전자를 더 선호하지 않고, 조건화된 것을 밀어내고 조건화되지 않은 것을 붙잡으려 하지 않고, 조건화된 것과 조건화되지 않은 것이 동시에 존재하는 걸 알 때, 커다란 자유로움이 일어난다. 의식의 측면과 알아차림의 측면이 처음부터 있었으며, 그것이 청정하고, 조건화되지 않았고, 또 늘 그러하다는 것을 알면 놀라게 된다. 그때 우리가 의식 안에서 우리의 존재를 훨씬 더 많이 인식하기 때문에, 그것은 변화를 일으킨다. 이는 우리가 무엇을 '알아차리는가'를 말하는 게 아니라 알아차림 자체의 본성을 말하는 것이다. 알아차림은 이미 명확하고, 조건화되지 않고, 자유롭다. 왜냐하면 알아차림을 왜곡할 개념이 전혀 없기 때문이다. 우리가 개념에 매달리면, 개념은 즉시 우리의 의식을 조건화하기 시작한다. 바로 우리가 대상을 보는 방식, 느끼는 방식, 생각하는 방식을 조건화한다.

그렇게 조건화하는 과정이 일어나고 전개되지만, 그 과정은 청정한 불성 안에서 일어나고, 조건화되지 않은 의식·알아차림의 본성 안에서 일어난다. 그것은 황홀할 정도로 단순하다. 이에 대해 한 번 알고 나면, 숨겨져 있지 않은 것을 어떻게 지금까지 알지 못했는지 의아스럽다. 모호한 것은 조금도 없고, 그것을 이해하기 위해 복잡한 생각을 할 필요도 없다. 간단히 말해, 지금 이 순간 우리는 관념의 흐름 속을 떠다니고 있지 않다. 마음이 혼잣말을 하고 있을지라도, 말이 아닌 공간 안에서 혼잣말을 한다.

의식을 지금 있는 모든 것이 존재하는 공간이라고 여겨라. 연주홀에 간다고 상상해보자. 교향악이 연주되지 않을 때 그곳은 조용하다. 교향악이 연주되면 음악이 있다. 하지만 소음이 있더라도 그 안은 조용하기 때문에 교향악이 들릴 수 있다. 내가 잠시 논리를 초월해서 말하고 있으므로 이런 말을 이해하기 힘들 것이다. "어떻게 소리와 소리 없음이 함께 있을 수 있는가?" 잠깐 멈추어서 이것을 보자. 안에서 소리가 생길 수 있도록 고요가 없다면 소리가 나지 않을 것이므로, 고요와 소리 없음은 함께 간다. 로큰롤 밴드가 연주홀에 들어와서 연주하면 갑자기 음악 소리로 벽이 흔들리겠지만, 그래도 그 공간의 본성은 바뀌지 않는다. 그곳은 소음으로 채워지든, 멋진 로큰롤 음악이나 형편없는 로큰롤 음악으로 채워지든, 훌륭한 교향악이나 재즈로 채워지든, 아무 소리도 나지 않든 똑같은 공간이다. 그 연주홀이라는 공간의 본성은 하늘의 본성과 같다. 하늘에 구름이 생겼다가 사라지고, 눈이 내렸다가 그치지만, 하늘은 고유의 순수함과 방해받지 않는 본성을 가지고 있다. 그래서 조건화되지 않은 의식의 본성을 하늘에 비유한다. 하늘은 이미 있고, 하늘에서—의식 안에서— 무슨 일이 일어나든 하늘은 언제나처럼 여전히 순수하기 때문이다. 구름과 눈은 진정으로 하늘을 흐리게 하는 게 아니라 하늘이라는 공간 안에 있을 뿐이다.

하늘과 연주홀은 우리가 존재를 가장 즉각 경험하고 가장 즉각 인식하는 것에 대한 비유이다. 가장 즉각적인 비유는 조건화되지 않은 고요이며, 마음이 혼잣말을 중단할 때 같은 고요이다. 그런데 다른 고요함이 있다. 더 미묘하고 보다 바탕이 되는 고요함이고,

그 안에서 마음이 혼잣말을 하는 고요함이다. 하지만 그 안에서 마음이 혼잣말하는 고요함도 여전히 고요하다. 마음이 그 안에서 말하고 소음을 내도 그것은 여전히 고요함 자체이다. '고요한'과 '고요하지 않은', 소음과 소음 없음 등 우리는 항상 이원적 언어로 생각하지만, 사물에 대한 설명이 있는 그대로의 사물은 아니다. 고요와 소리가 함께 있을 수 있다. 고요 없이는 소리가 있을 수 없고, 소리가 있어도 여전히 고요가 있다. 이렇게 말하는 것도 직관에 어긋난다.

실재가 실재에 대한 이원적 개념과 일치할 필요가 없다고 생각한다면, 사물을 개념화했던 대로가 아니라 있는 그대로의 사물에 주의를 기울일 수 있다. 그것이 청정한 불심, 즉 늘 고요하고 늘 깨어 있고 늘 현존하고 늘 있는 의식을 만날 수 있는 곳이다. 그곳은 경험이 아니라 경험이 일어나는 공간이므로 경험 외의 '다른 것'이 아니고, 분리되어 있지 않다. 그것을 알아차리는 건 인생을 바꿀 만한 큰일이고 유익하다. 왜냐하면 그것은 잘 되지 않거나 자연히 펼쳐질 만큼 진실이 아닌 조건화를 위한 안전한 공간이 되기 때문이다. 조건화된 것과 조건화되지 않은 것의 상호작용과, 미묘하거나 명백한, 청정한 의식의 본성을 인식함으로써 근본적인 변화가 일어날 수 있다.

고요한

"내가 있다."고 말하는 건 무슨 뜻인가?

●   '고요한being still'이라는 말을 생각해보자. 이 말은 '고요하라'는 뜻이 아니다. "고요하라.be still"는 더 지시하는 것처럼 들릴 수 있고 해야 하는 일 같다. "고요하라고!" 하지만 '고요한'은 다르다. 고요한은 명령이 아니고, 바로 지금 일어나고 있는 것, '고요stillness'라고 불리고 우리가 될 수 있는 것이 있다는 걸 암시한다. 반면에 '고요하라'는 말을 들으면 "아, 이런, 내가 해야 하는 일이 있구나. 나는 고요해야 하는데, 잘할 수도 있고 잘하지 못할 수도 있어."라고 해석할 수 있다. 하지만 'ㅇㅇ한being'이라는 말은 어떤 것을 하거나 하지 말라고 지시하지 않는다.

'고요한'은 당신에게 어떤 의미인가? 그 말을 소리 내어 말하기만 해도 고요를 경험하게 된다. 고요하려고 애쓰지 않고, 그 말을 지시 사항으로 여기거나 반드시 해야 하는 일로 여기지 않는다. 그 말은 보다 상상력이 풍부하고, 이따금 마음속을 떠다니는 작은 속삭임이다. 그것은 고요하려고 노력해야 한다는 게 아니라 고요에 주의를 기울이라는 것이다. 두 경우는 많이 다르다. 그 차이가 처음에는 미묘해 보이지만, 그렇지 않다. 이미 존재하는 청정한 불심처럼 '고요한'은 우리가 알게 될 수 있는 것이고 알아차리는 것이다. '고요한'을 알아차려라.

알 수 있는 어떤 식으로든 사람들이 고요히 있는 곳을 인간 세계에서 찾기 어려울 수 있다는 건 기이한 일이다. 우리는 시끄러운 종種이고, 나도 지금 이런 말들로 소음을 더하고 있는지도 모른다. 자연으로 나가거나 시끄럽게 하는 사람들이 많지 않은 환경에 가면, 많은 생명이 고요하고 평온한 것이 놀랍고 그 고요와 평온 속에 수많은 존재가 있는 것이 놀랍다.

영성의 큰 역할은 있음being의 본성을 탐구하고, 존재하기 existing의 본성을 탐구하는 것이다. "존재한다는 건 무엇인가? '있다'는 건 무엇인가? 나는 누구인가?" 이런 질문들은 있음의 신비를 조사한다. 우리가 만나는 모든 사람에게는 내가 '있음being'이라고 부르는 범주에 해당하는 것이 있다. 그것은 그 사람들을 직업, 충실히 믿는 종교, 가족사, 미래의 희망 등으로 규정할 수 없는 측면이다. 우리가 어떤 이를 그들의 있음을 통해 만날 때, 그런 것들보다 더 직접적인 것이 있다. 하지만 우리는 그것을 습관적으로 소홀히 대하는데, 그 이유는 있음은 관념적이지 않기 때문이다. 우리는 직업에 대해 말할 수 있고, 관심사에 대해 말할 수 있고, 좋아하는 것과 싫어하는 것에 대해 말할 수 있지만, 있음 혹은 존재하기에 대해서는 말할 것이 별로 없다. 적어도 표면적으로는 그렇다. 하지만 보다 깊이 들어가면 있음being이 우리 존재existence의 본질적 신비임을 알게 된다. "내가 있다.I am"고 말하는 건 무슨 의미인가? "내가 있다."는 자체가 믿기 어려운 신비이다.

결국 영성은 있음을 탐구하는 것이다. 영성이란 있음과 존재하기와 자아와 삶의 경험과 인식을 탐구하는 것이고, 또 우리의 본성만이 아니라 존재 자체의 본성을 탐구하는 것이다. 있음을 관념화하기는 매우 어렵지만, 우리는 서로를 만날 때마다 있음을 만난다. 그리고 우리가 바로 지금 하고 있는 것처럼 삶의 어떤 면과도 상호작용할 때마다 우리는 있어야만 한다. 우리의 있음 혹은 존재하기의 본성은 무엇인가? 있음의 차원에서 우리는 무엇인가? 그 심오하고 가장 근본적인 차원에서 우리는 무엇인가? 갓난아기가 있음인 것처럼, 우리는 언어를 배우기 전에도 있음이었다. 아기들은 한 마디 말도 생각하지 않고 우리가 아무것도 가르쳐주지 않았지만, 다 갖추어진 있음을 가지고 있다. 우리가 말과 언어를 배우면, 그것들은 즉시 우리의 있음을 포위하고, 우리는 자기가 하는 말에 사로잡힌다.

나는 내가 하는 말에 사로잡히지 않으려 최선을 다한다. 내가 전하려는 것은 말이나 언어가 아니라 밀접하고 즉각적이고 직관적인 이해인 어떤 것이다. 관념적인 마음에 지나치게 사로잡히면 통찰을 보지 못하게 된다. 나는 지금 그것을 여러분에게 설명하기 위해 관념을 사용하고 있고, 여러분도 내 글을 이해하려고 관념을 사용하고 있지만, 그보다 더 근본적인 것이 있다. 우리가 의식하는 모든 순간은 있음의 순간이다. 우리에게는 어떤 형태든 간에, 있음과 존재하기의 자발적이고 자연스러운 기쁨 혹은 행복의 순간이 있다. 그리고 있기—존재하기—는 그 자체로 행복이 넘치고 아름답다. 존재 안에서 일어나는 것은 때로는 아름다운 경험이고, 때로는 전혀 아름답지 못한 경험이지만, 우리는 근본적인 존재하기의 행위에 많은 관심을 기울이는 법을 배우지 못했다. 그 대신 자아상과 자신에 대한 생각에 관심을 가지라고 배웠다. "나는 충분히 영적인가?" "나는 유물론자인가?" "나에게 재능이 있는가, 없는가?" "나는 얼마나 잘생겼나?" "나는 어떤 직업을 가져야 하나?" "나의 관심은 무엇인가?" 우리는 상대방에게 자신에 대해 말할 때 이런 것들을 이야기한다. 우리 존재의 핵심은 있음과 존재하기의 근본적인 경험이지만, 말로는 그게 무엇인지 온전히 전달할 수 없다는 것이 우습다.

일생 동안 잠시도 그에 대해 깊게 생각하지 않고 사는 사람들도 있을 것이다. 나는 그들 중의 하나가 아니라 항상 있음의 경험이 놀라운 신비라고 여기는 사람들 중 하나였다. 있음의 경험은 몹시 끔찍할 때도 있고, 언제나 기분 좋은 것만은 아니다. 하지만 있음 자체의 순수한 경험은 자유이다. 이것이나 저것이 아니라, 우리가 한 일이나 좋아하거나 싫어하는 것, 그 밖에 다른 것을 통해 말할 수 있는 어떤 것이 아니라, 순수한 존재의 경험이 놀라운 기적이다.

'기적'이라는 말은 삶에서 일어나는 어려움을 감추려는 것이 아니다. 하지만 인생 내내 있음의 경험이 있다. 나는 있음을 사물로 만들려는 게 아니다. 마치 우리에게 비밀의 본질이 있는 것처럼 "우리 내면에 '있음'이라는 것이 있습니다."라고 말하는 게 아니다. 있음은 단순한 것이다. 즉 있음은 순전한 존재하기의 행위이다. 그런 의미에서 있음과 의식은 같다. 있다는 것은 어떤 식으로 의식하는 것이고, 있음의 기적을 경험하는 것이다. 무無 자체가 아니라 어떤 것이 있으려면 의식이 필요하고 알아차림이 필요하다. 그러므로 '있음'은 '알아차림'이나 '의식'과 동의어이다. 우리는 있음을 바란다. 있음의 행복을 바라고, 있음의 자유를 바라고, 있음 안에 내려놓는 기쁨을 바란다. 다시 말해 이것이나 저것이기를 바라거나 어떤 사람이기를 바라거나 무이기를 바라지 않고, 그것을 어떻게 규정하든 있음이기를 바란다.

명상은 있음의 기술이다. 하지만 유감스럽게도 우리는 명상을 어떤 것을 하는 기법으로 바꾼다. 우리는 묻는다.

"나는 무얼 하고 있지?"

"명상을 하고 있잖아."

"그게 뭔데?"

"있으려고 하는 거지."

그래서 우리는 있음의 일부가 되는 데 필요하지 않은 싸움이나 몸부림을 너무 많이 한다. 반면에 명상은 고요히 있음의 기법이고, 있기의 기법이며, 우리는 있기 위해서 아무것도 할 필요가 없다. 당신이 있고, 나도 있다. 우리가 있기 위해 필요한 건 아무것도 없다. "내가 있다."에는 더 이상 아무것도 필요 없고, 그 이상 규정할 필요도 없다. "나는 착하다." "나는 나쁘다." "나는 옳다." "나는 틀리다."와 같은 생각들도 삶의 일부이지만, 있음을 규정할 수는 없다. 순전한 존재의 행위, 순전한 있음의 행위와 의식의 행위는 그 자체로 기적이다.

있음, 의식, 진리, 지복, 그리고 산스크리트어인 삿치타난다 satchitananda[참 존재, 참 지혜, 참 즐거움이라는 의미 - 옮긴이] 등을 경험하기 시작할 때, 그것은 '무의식적으로 있음'이 아니라 '의식적으로 있음'이며, 충동과 조건화에 이끌려 졸음 운전하듯이 사는 게 아니라 잘 알면서 있음이다. 졸음 운전을 할 때도 우리는 여전히 있음이지만, 무의식적으로 있는 것이다. 그래서 영성에서는 '깨어남'이라는 말을 사용한다. 깨어남이란 운전할 때 졸지 않는다는 뜻이다. 그렇다. 우리는 잠들었을 때도 여전히 있음이지만, 무의식적으로 있는 것이며, 일생 동안 조건화의 무지막지한 힘이 발휘된다. 우리는 그런 식으로 있을 수 있지만 그건 만족을 주지 못한다.

우리가 있음을 취할 때 그것이 조건화된 있음이라면 많은 슬픔이 일어난다. 그런데 유감스럽게도 바로 그것이 대부분의 사람들이 탐구하는 방식이다. 그런데 있다는 것은 의식하는 것이고,

이것이나 저것이려고 하지 않은 채 있는 것이고, 자기의 있음의 근거를 경험하는 것이다. 그리고 그건 지극한 행복을 일으킨다. 진정한 본성의 이런 측면은 항상 명백하지는 않고, 특히 우리가 관념적 마음 혹은 감정적 몸에 빠져 있을 때는 모호하다. 관념과 감정은 사람들이 많은 시간을 보내는 두 가지 기준으로, 일부 사람들은 관념적으로 치우쳐 있고 다른 사람들은 감정적으로 치우쳐 있다. 양쪽 모두 장점과 약점을 가지고 있지만, 나는 관념적 입장이나 감정적 입장에서 '있음'을 바라보지 않는다. 있음이란 그보다 근원적이고 더 근본적인 것이기 때문이다.

있음이란 진정한 토대가 되는 우리의 본성이다. 우리가 모든 것이며 동시에 무無라는 것은 역설처럼 보이지만, 그 모두에서 우리는 청정한 불심이고, 순수하고 조건화되지 않은 의식이며, 또한 모든 환경이다. 이는 우리가 만물과 하나라는 의미이고, 우리가 만물과 '함께' 하나라는 뜻이 아니라 우리가 '바로' 만물이라는 뜻이다. 그러므로 우리는 모든 것이고, 무無이며, 그것을 무엇이라고 부르려고 하든, 또한 우리는 있음이다. 즉 우리는 무無인 있음이며, 모든 것인 있음이다. 있음 자체의 순전한 행위, 존재의 순전한 행위는 "내가 있다."를 가장 근본적으로 이해하는 것이다. 아무런 정의도 없고, "나는 이것이다." "나는 저것이다." "나는 착하다." "나는 나쁘다." "나는 옳다." "나는 틀리다." "나는 영적이다." "나는 세속적이다." "나는 깨달았다." "나는 깨닫지 못했다."가 모두 아니다. 그것은 모두 설명하는 세계이지만, 그 이전에 "내가 있다."가 있다. 그리고 그보다도 먼저 '있음'이 있다. 있음에는 긴장이 없고, 불안이나 두려움이나 평가가 없다. 있음에는 순수한 현존, 순수한 존재, 순수한 고요함이 있다

　말로 나타낼 수 없는 것을 지나치게 말하지 않는 것, 그 대신 강하든 약하든 말들 사이의 틈새를 연결하는 것, 그리고 있음의 가장 깊고 가장 직접적인 경험에 이르는 것이 중요하다. 그건 지복, 명백함, "모든 것이 괜찮다."는 심오한 자각이다. 그것에 연결되면, 삶을 살고 도전에 응할 새로운 토대를 마련하게 된다.

태어남·삶·죽음을 탐구하다

파도는 단 한 순간도 바다 아닌 다른 것이 아니며,
바다는 단 한 순간도 파도 아닌 다른 것이 아니다.

●   모든 존재는 태어나서, 삶을 살고, 결국 죽음으로 마무리된다. 우리는 이 세 과정을 다양한 방식으로 만날 수 있다. 경탄과 기쁨을 느낄 수도 있고, 괴로움과 고통이라고 여길 수도 있고, 안심하고 평화롭게 지낼 수도 있다. 그 과정에서 인간의 모든 경험이 일어날 수 있다. 우리는 살아가는 부분만 관련된다고 여길지 모르지만, 이 세 단계는 늘 함께 하기 때문에 셋 중 하나만 경험하고 나머지를 피할 수는 없다.

나는 여기서 태어남·삶·죽음에 대해 통상적인 관점의 아래까지 살펴볼 것이라는 점을 미리 알리고 싶다. 이 세 가지를 깊이 들여다보려면 통상적이지 않은 관점으로 접근하게 된다는 것을 거의 예상하고 있어야 하기 때문이다. 여기서 '통상적이지 않은 관점'이란 깨어난 의식으로 보는 관점을 가리킨다.

우리는 태어남·삶·죽음을 시간 순서대로 생각한다. 이 땅 위에서의 삶은 태어남으로 시작되어 죽음으로 끝난다. 이런 통상적인 관점에서는 그것들을 경험하는 현실을 반박하기 어렵다. 우리는 태어날 때 태어남을 경험하고, 살아 있을 때 삶을 경험하고, 삶의 끝을 통상적으로 죽음이라고 여긴다. 선불교에서는 '중대한 문제', 즉 우리가 명상과 영성 수행을 하는 이유가 태어남·삶·죽음의 문제를 해결하기 위해서라고 가르친다. 그것이 우리에게 맡겨진 큰 임무이다. 그런데 여기서 '해결하다solve'라는 말을 '해결점을 찾다resolve'로 바꿔보자. 왜냐하면 '해결하다'라는 말은 '끝마쳤다', '해답을 찾았으므로 최종 상태에 도달했다'는 의미이기 때문이다. 반면에 어떤 것에 대한 '해결점을 찾다'라는 말은 우리가 여전히 그 상황을 겪고 있다는 뜻이며, 반드시 끝났다는 의미가 없다.

깨달음을 추구하는 것은 호기심을 가지고 현재의 경험을 대단히 깊이 관찰하는 것이다. 우리 대부분은 깨달음을 구하는 것이 지금 현존하지 않는 경험, "깨달음의 경험"이라고 부를 수 있는 것을 추구하는 것이라고 여긴다. 하지만 이는 깨달음에 대한 오해이고, 우리의 내면에서 깨달음의 은총이 동트기 위해 문을 여는 것에 대한 오해이다. 이 점을 알아차리는 것이 중요하다. '깨달음'이라는 특정한 경험을 찾는다고 해서 깨달음을 얻을 수 있는 건 아니다. 현재의 경험을 탐구할 때 깨달음이 드러난다. 우리가 현재 무엇을 경험하는지는 중요하지 않다. 왜냐하면 경험에 대한 탐구는 경험의 본성에 대한 탐구이자 소위 경험하는 자에 대한 탐구, 즉 '경험과 경험하는 자는 하나이고 같다'는 것에 대한 탐구이기 때문이다.

깨달음 혹은 깨어남은 경험이라는 딱딱한 열매를 쪼개는 것과 같다. 그건 광대하고 깊게 우리의 경험을 여는 것과 같은데, 그러려면 경험하는 현재 순간에 진지하게 주의를 집중해야 한다. 색 다른 경험을 찾아다니거나 지금 일어나는 경험을 다르게 바꾸어서는 깨달음을 찾을 수 없다. 자신의 태어남과 죽음의 본성을 살펴보고 관찰하는 행위가 우리가 태어남과 죽음을 경험하는 데 영향을 주고 경험을 긍정적으로 바꾸기 시작한다. 왜냐하면 무엇을 더 의식적으로 경험하게 되면 기분이 좋아지기 때문이다. 하지만 경험을 관찰하는 행위에 의해 경험이 변한다고 해도, 깨달음은 그 변한 경험을 찾는 것이 아니다. 깨달음은 우리의 경험과 현재 순간에 대한 인식을 변화시키지만, 마치 우리가 어떤 변화를 바라는 것처럼 깨달음에 접근하면, 깨달음을 향하는 길과 방법을 놓치게 된다.

우리는 깨달음을 얻으려는 영적 열망과 어떤 관계를 맺을지 생각해야 한다. '깨달음'이란 말을 사용할 수도 있고, '자유', '일치', '신의 신비'라는 말을 사용할 수도 있으며, 다른 많은 용어들을 사용할 수도 있지만, 근본적으로 현재 일어나고 있는 경험을 하는 존재의 본성에 관심을 가지는 것이다. 다시 말해 "우리는 무엇인가?" "나는 무엇인가?" "세계는 무엇인가?" "태어남은 무엇인가?" "삶이란 무엇인가?" "죽음이란 무엇인가?"를 묻는다. 우리가 배운 것 너머의, 통상적인 이해 너머의 이런 현상들은 무엇인가? 통상적인 이해는 도움이 되지 않는다. 태어남·삶·죽음을 통상적으로 이해하는 것은 결국 혼란스럽게 하고, 불필요한 긴장, 불안, 두려움, 괴로움을 더 일으킨다.

그런 말들을 직관적으로 자기 경험에 연결해보라. 이는 여러분이 정확히 내가 말하는 대로 경험할 것이라는 뜻은 아니며, 여러분이 이 책을 많은 정보를 얻을 수 있는 교과서인 것처럼 읽기를 원치 않는다는 것이다. 그렇게 하는 것은 다르마를 오해하는 것이다. 불교인들이 '다르마dharma' 즉 영적 진리라고 부르는 것은 우리가 배울 수 있는 것이 아니다. 다르마는 교실에 앉아서 생물학, 화학, 물리학 강의를 들은 후 생물학, 화학을 더 공부하고 물리학 방정식을 푸는 법을 배우는 것과는 다르다. 영성에서 우리는 단순한 정보를 넘어서, 사상과 관념을 모으고 이론적으로 이해하는 걸 넘어서려고 노력한다. 영성에 다가갈 때 이런 기본적인 것을 헤아린다면 시간을 훨씬 덜 낭비할 것이다.

"시간을 훨씬 덜 낭비할 것이다."라는 말의 의미는 다음과 같다. 태어남·삶·죽음이라는 '중대한 문제'를 해결하거나 해결점을 찾는 모든 노력은, 제대로 접근하는 법을 이해한다면—수십 년 혹은 평생이 걸리거나 그만큼 단축되지는 않아도—몇 년이 걸릴 수도 있고, 몇 년이 덜 걸릴 수도 있다는 의미이다. 그 문제에 접근하는 법을 모른다면, 마치 어떤 사람이 우리에게 악기를 하나 주고서는 "자, 가서 이걸 연주하는 법을 배우세요."라고 말하는 것 같이 된다. 우리는 어떻게든 악기로 소리를 내고 음을 맞출 수는 있지만, 음악을 만들어내려면 거의 언제나 어느 정도 배워야 한다. 악기를 연주하는 법을 배우고 시간을 잘 활용해서 능력껏 연주를 잘하려면, 반드시 연습하는 법을 알아야 한다. 무작정 악기를 불면서 저절로 음악이 나오기를 기대하지는 않는다. 정해진 대로 악기를 연주하는 법이 있기 때문이다. 영성은 다른 일을 하는 법을 배우는 것과 똑같지 않지만, 적어도 다른 구도자들을 안내했던 기본적인 접근법을 이해하는 것이 중요하다.

이 경우, 기본적인 접근법은 당분간 다른 것을 구하기를 내려놓고 지금 일어나고 있는 경험에 집중하는 것이다. 우리가 지금 일어나고 있는 경험을 좋아하든 좋아하지 않든, 그것에 집중하는 것은 바로 여기와 바로 지금을 깊이 탐구하는 것이다. 이것이 영성이고, 영성 수련의 목표이다. 영성 수련의 목표가 무엇인지 이해하는 것이 중요하며, 그렇지 않으면 그것을 이용해서 미래의 어떤 것을 뒤쫓을지도 모른다. 그러면 자기 꼬리를 뒤쫓는 강아지처럼 제자리에서만 맴돌게 된다.

우리는 태어남·삶·죽음을 탐구하기 위해 "우리는 무엇인가?"를 묻는다. 다시 말하지만, 내가 여기서 여러분에게 주는 것은 말일 뿐이지만, 사물을 인식하는 것에 대해 가장 정확히 나타내는 말을 제시하려 한다는 걸 기억하라. 내 말이 곧 내가 말로서 가리키고 있는 것 자체와 같다고 오해하지만 않는다면 도움이 될 것이다. 이는 식당에 가서 메뉴와 음식을 혼동하지 않는 것과 마찬가지이다. 메뉴는 우리가 원하는 음식을 주문하는 데 도움이 되지만, 허기를 채워주지 못하고 몸에 필요한 영양분을 주지도 않는다. 이런 가르침도 마찬가지이다. 내가 하는 말들은 메뉴와 같고, 음식은 여러분의 개인적인 경험 안에서 찾아야 할 것이다. 그러므로 내 말이 여러분 안에서 어떻게 나타나든, 그것과 함께 앉아서 직관적으로 느껴보기를 권한다.

사실 무엇에 대한 견해든 마찬가지지만, 일반적으로 우리 자신에 대한 통상적인 견해는 단순하다. 우리는 자신은 피부의 바깥층까지로 한정되는 몸 안에 들어 있다고 생각한다. 그리고 직관적으로 "내가 무엇이든 나는 여기 있다."고 여기고, '나'가 있다고 여기고, 그것이 내 몸 안에 있다고 여긴다. 사람들에게 그들의 자아가 몸 안의 어디 있는지 직관적으로 느껴보라고 하면, 대개 눈 뒤의 어딘가에 자아가 있다고 말한다. 마치 어떤 작은 사람, 혹은 에고 구조의 감각이 ― 실재가 아니라 감각이 ― 우리 안에 있어서, 그것이 몸을 조종하고 그것을 통해 삶을 경험하는 것 같다. 여러분은 자신이 순수한 영이나 순수한 의식이라고 여기거나 무엇이든 자기가 원하는 이름을 가진 것이라고 믿을 수도 있다. 여러분이 그것을 경험한다면 그건 전혀 다른 문제이지만, 지금은 보통 사람들이 자신을 어떻게 경험하는가를 말하고 있다.

더 깊은 차원에서 그것을 바라보면, 우리 대부분은 주로 마음이 독백하는 대로—마음이 당신에 대해서 당신에게 말하는 대로—자기 자신을 경험한다. 그리고 기억이 그것을 유발하고 촉진한다. 갑자기 당신의 기억이 모두 사라진다고 상상해보자. 그러면 과거에 당신이 누구였는지 돌아보아도 어린 시절이 없고, 청소년기도 없고, 5분 전이나 1분 전 일이라도 아는 것이 없으며, 지금 이전의 어떤 것에 대한 기억도 없다. 그렇다면 당신은 자신이 누구였는지도 알지 못할 것이다. 우리는 그만큼 에고의 관점에서 이루어진 기억에 의존한다. 기억은 무의식적으로 생긴다. 우리는 빈둥거리면서 "나 자신을 기억할 거야."라고 말하는 게 아니라, 기억이 뇌세포에 저장되어 있고, 매 순간을 기억이라는 필터를 통해서 본다. 그래서 기억은 모든 행위와 경험을 물들인다. 우리의 경험은 과거를 통해 걸러진다. 이와 반대로 만일 우리에게 과거가 없다고 상상한다면, 만일 우리가 갑자기 지구에 도착한 듯이 어디든 툭 떨어져 있다면, 우리는 누구인가, 혹은 무엇인가?

만약 우리에게 기억이 없는데 갑자기 의식이 생긴다면, 우리는 "와, 여기가 어디지?" 같은 생각이 들 것이다. 우리에게는 거기가 어디인지, 자기 집에 있는 건지, 손목에 차고 있는 시계가 자기 것인지, 입고 있는 옷이 어디서 났는지 알려줄 기준점이나 내력이 없기 때문이다. 이것을 곰곰이 생각해보면, 자아감의 상당 부분이 기억을 통해 과거로부터 유래한다는 것을 알아차리는 데 도움이 된다. 그것은 거의 자동적으로 일어나므로 우리는 그 과정을 미처 알지 못하지만, 그럼에도 불구하고 그것은 자아감을 더 내면 화시킨다. 그런 자아감이 과거로부터 유래한다고 말하는 것은, 또한 우리가 조건화된 상태로부터 그것이 유래한다고 말하는 것이다. 왜냐하면 우리는 과거에 의해 조건화된 대로 어떤 의견을 가지게 되고, 어떤 사건들을 특정한 시각으로 인식하게 되기 때문이다. 하지만 만일 우리에게 아무 기억이 없다면, 우리 자신에 대한 매일의 생각과 느낌이 바로 자신이라고 경험하지 않을 것이고, 자아를 발생시킬 것이 아무것도 없을 것이다.

내가 지금 말하는 것을 직관적으로 어렴풋이 이해하는 사람들은 설렘과 두려움을 동시에 느끼기도 한다. 마치 "와, 자유다!"라고 말하는 것 같다. 왜냐하면 기억을 통해 현재에 담기고 전해지는 심리적인 응어리에서 벗어나기 때문이다. 심리적인 응어리가 없다면, 어제와 그 이전의 모든 날에 짊어졌던 곤란한 문제들이 갑자기 사라질 것이고, 과거의 일들을 기억할 수 없기 때문에 적어도 자신이 연관된 부분에서는 즉시 삶이 새로 시작될 것이다.

이런 가정을 하는 까닭은, 기억에서 비롯된 통상적인 자아감이 얼마나 엉성한지 보여주기 위함이다. 자아감은 현재와 별로 연관이 없다. 우리의 본성을 조사하기 시작하고 "나는 무엇인가?"를 묻기 시작할 때, 우리는 과거와의 동일시를 넘어 살펴보기 시작한다. 모든 기억은 이미지, 생각, 느낌을 통해 마음에 저장된다. 잠시만 살펴보면 나는 단지 생각이 아니고 여러분도 생각이 아니라는 걸 알 수 있다. 이를 이해하는 또 다른 길은 그것을 뒤집어서 "나는 오직 유래될 뿐이다."라는 에고의 관점으로 바라보는 것이다. 에고는 생각, 기억, 지금의 감정 상태를 통해 유래될 뿐이다. 그렇게 에고는 순간순간 자신을 관념적으로 쌓아올린다. 기억과 혼잣말, 그리고 기억과 혼잣말이 일으키는 감정을 통해 매 순간마다 에고가 만들어진다.

이것이 에고의 자아감을 관념적으로 쌓아올리는 것을 설명하는 기본적인 방식이다. 직관적으로 우리는 "나는 여기 어딘가에 있다."고 여긴다. 자아가 머릿속이나 몸 안에 있다고 느끼는 것이다. "나는 여기에 있고 이것(몸)을 움직이고 있다." 마치 몸이 자동차이고 우리가 운전석에 앉아 있는 것 같다. 하지만 그런 생각을 조사하면, 그 생각은 곧 허물어지기 시작한다. 우리 자신과 우리가 누구인지 인식하도록 배운 방식이 생각과 감정과 기억에서 유래한다는 사실을 알기 시작하기 때문이다.

의식으로 기억하는 행위를 하지 않을 때도, 생각하지 않을 때도—그리고 명상 수행을 하면 생각하지 않는 순간을 알아차리기 시작할 수 있다—우리는 연기처럼 사라지지 않고, 우리에 관한 어떤 것이 여전히 있다. 그것을 탐구하는 건 흥미진진하다. '나무', '자동차', '구름', '종이 한 장', 그리고 태어났을 때 얻은 이름 등 우리가 어떤 것에 이름을 붙일 때, 우리는 그 이름 붙은 것을 보는 조건화된 방식을 받아들인다는 걸 알아차린다. 우리 몸이 땅 위에서 걷고 공기 속에서 움직일 때, 우리는 시간과 공간 속에서 움직이는 그것이 자기 몸이라고 여긴다. 하지만 우리 몸을 바라보면 몸의 모든 부분이 환경과 연결되어 있음을 알아차리게 된다. 우리는 대개 "나는 공기가 아니다. 물론 내게 공기가 필요하지만, 내가 공기인 건 아니다."라고 생각하지만, 숨 쉴 공기가 없어도 우리가 존재할까? 물이 없어도 우리가 존재할까? 그리고 물은 어디에서 오는가? 구름, 시내, 강, 비, 그리고 우리의 온몸을 구성하는 요소들은 모두 환경, 소위 '외부 세계'에 있다. 몸의 모든 부분은 외부 세계에 의존하며, 하나도 빠짐없이 모두 환경의 산물이다.

우리는 그렇게 여기는 까닭은, '나'가 몸 안에 담겨 있고, '나의' 몸이 세계 속을 돌아다니고 삶에서 움직이는 별개의 대상이라고 배웠기 때문이다. 하지만 그것을 자세히 살펴보면, 그런 개념과 그에 따른 직관적인 느낌이 허상임을 깨닫는다. 내가 가르칠 때 자주 이야기하기도 하고 이 책의 초반에서도 말한 대로, 우리는 우리가 바로 환경임을 깨닫는다. 우리는 환경 없이 존재할 수 없다. 비가 내리지 않거나 바위 속에 저장된 무기질이나 음식이 없다면 우리는 존재하지 않을 것이다. 우리 몸 - 마음의 모든 부분은 환경의 산물이다. 따라서 환경이 사라지면 몸 – 마음 같은 것도 있을 수 없다.

우리는 사물을 규정하는 통상적인 방식에 따라, 마치 모든 것이 그것이 놓인 환경과 다르고 환경에서 분리되어 있는 것처럼 경계를 만들어낸다. 반면에 영적으로 눈뜨거나 깊은 깨달음을 얻으면, 그렇게 관념으로 쌓아올린 경계가 사라지고, 우리 자신이 전부이자 전체라고 여기게 된다. 이는 합일을 경험하는 것이고, 하나임을 경험하는 것이고, 경계 없음을 경험하는 것이다. 우리는 우리가 모든 환경임을 알고, 동시에 모든 환경이 바로 지금 개별적인 몸으로서 나타나고 있음을 안다. 이는 우리의 모습을 취하고 있고, 우리가 보는 모든 형태로서 나타나고 있다. 우리가 개별적인 몸을 잃는 것이 아니라, 우리의 개별적인 몸이 곧 우주인 것이다. 즉 손을 보면 손이 팔에 연결되어 있고, 팔은 어깨에 연결되어 있고, 어깨는 가슴에 연결되어 있고, 가슴은 나머지 몸에 연결되어 있는 것과 마찬가지이다. 물론 '손은 팔목과 다르고, 손은 어깨와 다르다'고 말할 수 있고, 때로는 그렇게 생각하는 게 유용하지만, 그렇게 생각하자마자 우리는 손을 추상적인 것으로 생각하고 느끼고 인식한다. '손'은 손목 아래까지만을 가리키는 개념이지만, 실제 손은 항상 손목과 팔을 포함하고 팔은 온몸을 포함한다. 손을 볼 때 '있는 그대로인 손'의 전체성을 인식한다면, 그건 손목에서 시작하는 것이 아닐 것이다. 손목에서 한정되는 손은 관념일 뿐이다. 사물에 대한 그런 관념이 때로는 쓸모가 있지만, 그것이 진실은 아니다.

이름에 의해 사물들에 주어지는 경계는 실체가 없다. 그리고 경계도 없다. 태어남·삶·죽음처럼 모든 것은 다른 모든 것과 만나기 때문이다. 깊은 깨달음 속에서 우리는 모든 것이 곧 다른 모든 것임을 인식한다. 관념이 인식을 왜곡함에 따라 경험을 왜곡하는 것을 퍼뜩 깨닫고, 모래 한 알에 온 우주가 담겨 있음을 직감으로 알게 된다. 그러므로 매우 깊은 의미에서 모래 한 알이 곧 우주이고, 우주가 곧 모래 한 알이다. 우주와 모래 한 알은 같은 것이고, 경계선은 순전히 관념일 뿐이다.

깊은 영적 경험에서는 경계선이 사라지고, 끝없이 넓은—보다 정확히 말하자면, 경계가 없는—존재를 경험한다. 그것은 엄청난 자유와 행복과 모든 환경과의 친밀감 및 만물과 하나된 친밀감을 일으킨다. 이것은 듣기 좋지만 진부한 영적인 말, 혹은 동의하거나 반대해야 하는 단순하고 공상적인 관념이 아니다. 실제 지각을 말로 나타내려는 것이고, 특정한 방식으로—보다 진실하게—존재를 인식하려는 것이다. 에고의 마음은 기억과 관념에 의해 만들어지고, 관념은 본래 성질에 따라 경계를 만들어낸다. 왜냐하면 어떤 대상에 이름을 붙일 때마다 그것은 그것 아닌 것과 관련해서만 의미가 있기 때문이다. 앞서 말했듯이 깨어남의 일부는, 언어와 기억으로 만들어진 경계를 통해서가 아니라 삶을 직접 보고 경험하기 시작하는 것이다. 깊은 영적 계시에 의하면, 우리는 지금 있는 모든 것과 분리되어 있지 않다. 그리고 생명 자체는 시작도 없고 끝도 없으며, 생명은 늘 모습을 바꾸고 있다. 물은 수증기로 변하고, 비가 되어 땅에 떨어지고, 차가워지고, 얼음이 되고, 데워지고, 녹고, 기체로 변하고, 계속 그렇게 된다. 나무 한 그루가 숲에서 쓰러지고, 썩어서 땅으로 돌아가고, 양분을 내보내고, 새 나무와 새로운 요소들이 생기게 하고, 새로 자란 나무가 또 쓰러지면서 생명은 끝나지 않고 이어진다. 에너지는 보존되고, 생명은 형태를 바꾼다. 여기에는 넘치는 것도 없고 부족함도 없다.

우리가 특정한 형태와 동일시한다면, 소위 죽음을 궁극적 위협으로 느낄 것이다. 다시 말해 죽음을 '나'의 종말로 경험할 것이다. 우리는 대개 그렇게 믿는다. "나는 아침에 잠에서 깨서 거울 속을 들여다본 것처럼 특정하게 나타나는 생명과 동일시한다. 그리고 죽음은 그 형태의 종말일 것이다. 따라서 죽음은 나의 종말일 것이다." 이런 정체성을 가지고 이렇게 삶을 경험한다면, 죽음을 자신의 종말로 경험할 것이므로 죽음을 두려워할 것이다. 에고의 자아는 죽음과 형태의 변화 이후에는 계속 살지 못하기 때문에, 사실 죽음은 우리의 종말일 것이다. 생명이 형태를 바꾸어도—그것이 바로 죽음이다—그 생명의 아무것도, 그 존재의 여여如如함도, 육체조차 어디로 가지 않는다. 사라지는 것이 아니라 형태가 바뀐다. 어떤 이는 "그런 영적·종교적 사상을 가지고 있으면 꽤 안심이 되겠는데요."라고 말할지도 모른다. 하지만 나는 어떤 사상을 말하고 있는 게 아니라는 걸 잊지 말기 바란다. 내가 지금 가르치고 있는 것을 단지 믿기만 하면 전혀 쓸모없다는 걸 나는 잘 안다. 여러분이 그것을 믿는다면, 그것을 경험하는 데 방해가 되는 게 당연하다. 여러분은 그 믿음에 매달릴 뿐이고 깊은 경험에는 신경 쓰지 않을 것이기 때문이다.

나는 위로가 되는 철학이나 사상에 대해 말하는 게 아니라, 완전히 다르게 순간순간 삶을 경험하는 것에 대해 말하고 있다. 깊고 근본적인 차원에서 삶을 경험하면 태어남도 없고, 죽음도 없다는 걸 깨닫게 된다. 왜냐하면 우리는 무로부터 나타나서 어떤 사람이 되고, 결국 다시 무로 사라지는 것이 아니기 때문이다. 그건 불가능한 일이다. 갑자기 생명이 하나의 형태를 취한다. 이전에 없던 곳에 한 아기가 있고, 아기는 존재하는 내내 변한다. 자라고, 늙고, 다시 쇠약해져 움츠러들기 시작한다. 늘 그대로인 것 같던 우리의 몸도 끊임없는 변화의 과정 속에 있다. 세포들이 계속 죽고 있는 것은 세포들이 형태를 바꾸고 있다는 뜻이며, 새로운 세포들이 생기고 있는 것도 역시 형태를 바꾸는 것이다.

자기가 곧 에고의 마음이라고 여긴다면 죽음은 실제이다. 반면에 존재의 전체성all-ness으로 깨어난다면, 즉 자기가 전체에서 분리되어 있지 않다고 여긴다면, 죽음은 생명이 특정한 형태를 취하는 것 말고는 어떤 것의 종말도 아니다. 우리는 특정한 사람으로 나타났던 생명을 사랑했기 때문에 슬퍼할 때가 있다. 그리고 지금 여기서 내가 살펴보고 있는 것은 그런 감정을 부정하려는 게 아니다. 친구나 형제나 연인이었던 생명이 형태를 바꾸어서 더 이상 예전의 모습이 아닐 때, 우리는 상실과 슬픔과 고통을 느낀다. 태어남·삶·죽음의 '중대한 문제'를 이해하는 것은 변화가 일어난다는 사실을 부정하지 않는다. 존재와 삶 자체는 부단히 변하고 있지만, 형태를 바꾸어도 생명 자체는 조금도 줄어들지 않는다는 걸 아는 것이다. 우리가 전체와 동일시할 때, 우리는 소위 태어남의 순간부터 존재하게 되는 게 아니고, 소위 죽음의 순간에 존재를 중단하는 게 아니라는 것을 이해하게 된다. 생명은 근본적이고 철저한 변화를 겪는다. 태어남은 생명의 형태가 철저히 변하는 것이고, 죽음도 생명이 더 이상 이전에 알려진 형태가 아니게 되는 철저한 변화이다. 이런 이해는 변화를 부정하는 게 아니다. 여기서 내가 가리키는 것은 "나는 무엇인가?"라는 보다 깊은 깨달음이다. 영적 성장이나 깨달음의 결정적인 부분은 경계라는 환각으로부터 깨어나는 것이다.

여러분과 내가 말하는 언어가 사물에 경계를 부여하는 것을 알아차리는 연습을 해보라. 어떤 것에 이름을 붙이면 환경에서 그것을 분리하게 된다. 대상에 이름을 붙이자마자, 마치 우리가 규정한 내용에 따라 연필을 쥐고 그 윤곽선을 그리는 것 같다. 우리가 대상을 다르게 규정하면 윤곽선도 변할 것이다. 하지만 생명에는 그런 윤곽선이 없다. 윤곽선의 한쪽에 어떤 것이 존재하고 반대쪽에는 다른 것이 존재하는 게 아니라 연속성이 있다. 나무는 꽃과 달라 보이고 인간은 개와 다르게 보이지만, 그리고 생명은 무한히 다양한 형태, 모양, 색, 질감, 성격을 가지고 있지만, 그것이 모두 생명이라는 걸 잊지 말라. 그것은 바다가 헤아릴 수 없이 다양한 형태의 파도가 되어도, 파도는 단 한 순간도 바다와 다른 무엇이 아니며 바다는 단 한 순간도 파도와 다른 무엇이 아닌 것과 마찬가지이다. 우리가 '파도'라고 말하자마자, 파도는 마치 바다의 맨 꼭대기에 떠 있는, 바다와 다른 어떤 것 같아진다. 마치 파도가 바다에서 분리되어 존재하는 것처럼 우리가 정한 경계가 파도를 규정하기 때문이다. 하지만 파도는 바다에서 분리되어 있지 않고, 그럴 수도 없다.

사물에 이름을 붙이는 습성이 주위 환경으로부터 그 사물을 단절하는 듯한 것을 살펴보라. 그러나 우리가 이름 붙이는 어떤 것도 환경에서 따로 떨어져 존재하지 않는다. 우리 몸은 주위 환경에서 동떨어져 존재하지 않는다. 우리의 태어남은 죽음과 상관없이 따로 일어나지 않는다. 깊은 의미에서 우주는 우리의 진정한 몸의 확장이고, 우리의 몸은 우주가 지금 취하고 있는 형태이다. 이것을 마음에 담고 앉아서, 어린아이처럼 호기심과 친절한 마음과 예민한 몸을 가지고, 그것을 편안히 숙고하고, 그것에 경탄하라.

당신이 붓다이다

깨달았든 깨닫지 못했든, 우리의 형상은 있지 않게 될 것이지만,
우리라는 실재는 생기지도 않고 사라지지도 않는다.

●   모든 선 수행의 목적이 태어남·삶·죽음의 '중대한 문제'를 해결하는—혹은 해결점을 찾는—것이라고 말하라는 건 어려운 요구이다. 그렇게 생각하는 것, 태어남·삶·죽음을 우리라는 하나의 실재가 취하는 다양한 형상으로서 편안히 받아들이는 것은 (적어도 부분적으로) 영적으로 깨어나는 것과 깨닫는 것의 의미이다. 우리는 적어도 인간들이 모두 태어나고 살고 죽는다는 걸 확신할 수 있다.

태어남의 경험부터 시작해보자. 태어남은 태어나는 우리뿐만 아니라 우리를 낳는 어머니들에게도 결정적인 경험이다. 태어남의 행위는 어머니를 규정하고 자녀를 규정한다. 잘 알려져 있듯이 선 스승들은 공안, 즉 존재론적 질문을 가르침의 도구로 사용한다. 스승들은 공안을 제시할 때, 우리의 관념을 꽁꽁 묶어 꼼짝 못하게 해서 우리로 하여금 계시나 깨우침을 맞닥뜨리게 하고, 또 이해와 과거와 마음속의 생각에 의해 변경되고 왜곡된 경험이 아닌 직접적인 경험을 하게 한다. 많이 사용되는 공안 중 하나는 "너의 부모가 태어나기 전에 너는 누구였느냐?"이다. 이런 질문을 받으면 사람들은 점점 철학적으로 생각하기 쉽다. "생각해보자. 음…, 내가 순수한 영이었다면, 영원한 비어 있음 안에서 떠다니는 순수한 영이거나 순수한 의식이었겠지. 그러다 나의 부모가 멋지고 흥분된 밤을 보내고 있었을 때… 짜잔! 나는 어머니의 자궁 안으로 밀어넣어졌고, 그 결과 삶이라는 사건으로 밀려나온 거야." 이런 형이상학적인 견해를 선 스승에게 말하면, 글자 그대로 머리를 한 방 맞거나 적어도 관념적으로 한 방 맞을 것이다. "자, 그것을 극복해라. 너는 아직도 관념을 통해, 생각을 통해, 설명을 통해 사물을 보고 있구나." 어떤 대상에 대한 설명은 그것 자체가 아니다. 설명은 그 자체에서 구만리는 떨어져 있다. "메뉴를 요리로 오해하지 말라."는 말을 잊지 말라. 식당에서는 그 말이 명백한 것 같지만, 나머지 99퍼센트의 삶에서도 우리 인간들은 바로 그렇게 하고 있다. 우리는 자신과 주변 세계와 신, 현실, 삶, 서로 등 모든 것을 그것에 대한 설명으로 대체했고, 설명은 설명이 가리키는 것 자체와 거의 아무 연관이 없다는 걸 잊어버렸다.

우리가 그것 하나만 이해할 수 있다면! 그것을 이해하고 사유해보면, 어떤 것에 대한 설명은 그것 자체와 거의 아무 연관이 없는 것이 명백한데도 우리는 저항한다. 컵에 담긴 물을 마시는 것에 대한 설명은 컵에 담긴 물을 마시는 경험을 만들어내지 못한다. 설명으로는 물의 시원함을 느낄 수 없고, 물의 유동성도 경험하지 못하고, 물의 흐름도 느낄 수 없고, 갈증도 풀리지 않기 때문이다. 물처럼 단순한 것을 가장 복잡하게 설명해도 그런 경험을 만들 수 없다. 그렇지 않은가? 하물며 우리의 삶을 바라보자. 우리는 끊임없이 어떤 것에 대한 설명을 그것 자체라고 오해하기 때문에 현실과 직접적인 경험으로부터 단절된다. 그 결과 고립감과 소외감이 일어난다.

이는 감옥에 갇혀 창문을 통해서만 담장 밖의 삶을 엿볼 수 있는 것과 같다. 다른 사람이 햇빛, 나무, 새, 비, 풍경의 질감 등을 설명해주어야만 담장 건너편이 어떤지 짐작할 수 있으며, 그것이 외부와의 유일한 연결 통로이다. 그래서 자기 자신으로부터 소외감을 느끼고, 다른 사람들과 삶으로부터 소외감을 느낀다. 지적인 사람들은 "사물에 대해 더 잘 알게 되면 소외감을 덜 느낄 거야."라고 생각한다. 나는 어떤 것을 위대하고 정확하고 아름답게 설명하는 걸 정말로 좋아하고(가르칠 때 그런 설명을 많이 하려 한다), 거기에 창조성과 예술성과 유용함이 있다는 걸 잘 알지만, 결코 어떤 것에 대한 설명이 직접적인 경험이라고 오해하지 않으려 한다.

직접적인 경험을 더 잘 이해할수록 더 겸허하게 그것을 경험하게 되고, 태어남·삶·죽음의 문제를 더 깊이 탐구할 수 있게 된다. "나는 누구인가?" "나는 어디에서 왔는가?" "삶이라는 이것— 내가 그 안에서 돌아다니고 그것으로부터 숨쉬고 끊임없이 다루고 있는 것 같은 광대함— 은 무엇인가?" "삶이란 무엇인가?" "내가 세계, 우주라고 부르는 이것은 무엇인가?" 태어남과 삶에 대한 질문은 자연히 죽음에 대한 질문을 낳는다. "죽음에 대한 두려움을 넘어선 죽음이란 무엇인가?" "죽음의 실재는 무엇인가?" 당신의 죽음만이 아니라 모든 죽음이 문제이다. "죽음이 일어날 때 무슨 일이 생기는가?"

죽음은 철저한 변화의 순간이다. 생명이 더 이상 그 형상을 유지하지 못하고, 당신이든 연인이든 동물이든 곤충이든 낙엽이든 땅에 떨어지는 사과든 모든 것의 형상이 죽는다. 죽음의 본질은 변화와 변형이며, 변화는 끊임없이 일어나고 있다. 생명은 거기에 의존한다. 왜냐하면 생명은 변동이고, 변화이고, 타고 있는 불꽃 같고, 멈추어 있지 않기 때문이다. 태어남·삶·죽음은 변화 혹은 변형을 설명하는 방식이다. 하나가 다른 것이 되고, 나무 몸통이 다시 임상林床[산림 지표면의 토양과 유기 퇴적물의 층 – 옮긴이]이 되어 재흡수되고 요소들로 분해되어, 다른 나무나 풀잎에 영양을 공급하게 된다. 그런 의미에서 생명 자체는 시작도 끝도 없다. 물론 생명은 본성상 영구적이지 않으므로 항상 변하고 있지만, 죽음은 우리가 생각하는 그런 것이 아니다.

죽음은 생명이 마지막에 특별한 형상을 취하는 것이다. 생명이 더 이상 그 형상대로 유지되지 못할 때, 우리는 그 형상을 그리워할 수 있고, 애도할 수도 있고, 연인, 자녀, 할머니, 할아버지, 절친한 친구, 아내, 남편 등 생명이 취했던 형상을 놓아버리는 게 뼈저리게 고통스러울 수 있다. 나는 그런 상실의 아픔을 폄하하려는 게 아니라, 그 존재의 실재—그 생명의 실재, 그것의 여여함—

270
아디야샨티의 가장 중요한 것

는 끝이 없고 죽지 않는다는 걸 말하고자 한다. 생명은 어떤 것이었다가 무無가 되지 않는다. 과학이 그것을 알려주므로 우리는 그 사실을 안다. 사물은 형태가 변하지만, 생명은 늘어나거나 줄어들지 않는다. 우리가 오로지 특정한 형상과만 동일시한다면, 죽음은 재난 같을 것이고, 우리는 죽음에서 벗어나고 생존하며 어떻게든 변화의 그물에서 빠져나갈 방도에 집착하기 시작할 것이다. 비행기 조종사가 다른 비행기에 앉아 조종할 수 있고, 운전자가 여러 자동차를 바꾸어가며 탈 수 있는 것처럼 우리가 다양한 형태로 산다고 생각할 수도 있다. 이렇게 인간들은 다양한 방식으로 죽음의 실재를 속이려 한다. 하지만 죽음의 실재는 우리가 이제까지 들은 것과 달리 끝이 아니라 변형이며, 생명이 한 형태에서 다음 형태로 변하는 것이다.

생명은 태어남과 죽음의 부단한 과정이다. 태어남은 생명이 한 형상에서 다른 형상으로 변하는 것이다. 생명은 우리가 어머니의 자궁에서 나올 때 시작되는 게 아니고, 심장이 고동을 멈출 때 끝나는 게 아니다. 태어남은 끊임없이 일어나고 있고, 삶도 끊임없이 일어나고 있고, 죽음도 끊임없이 일어나고 있다. 깨달은 관점은 우리가 전체이면서 동시에 특정한 형상을 취하는 생명이라는 걸 아는 것이다. 이는 그 특정한 형상을 부정하는 게 아니다. 사람들은 대개 합일이란 독특함이나 개별성을 부정하는 것이라고 여기지만, 그렇지 않다. 모습, 냄새, 맛, 촉감의 차원에서 표면적으로 하나의 형상이 다른 형상과 같아 보이지 않듯이, 생명은 독특한 형상을 취한다. 하나의 형상은 다른 형상과 구별되지만—나무는 바위와 달라 보이고, 바위는 사람과 다르지만—그것들은 모두 생명으로 이루어져 있다. 그래서 나는 존재하는 모든 것을 포괄해서 '생명'이라는 말을 사용하고 있다.

한 인간을 만들어내기 위해서는 전 우주가 필요하다. 우주가 없다면 내가 있을 수 없고, 여러분도 있을 수 없다. 다시 파도로 비유하자면, 당신은 파도와 같지만 동시에 바다이기도 하다. 왜냐하면 파도는 완전히 바다로 이루어져 있고, 결코 바다를 떠나지 않기 때문이다. 바다와 연결되지 않고 동떨어져 흐르는 파도는 없다. 파도는 항상 바다와 연결되어 있고, 파도는 바다이며, 파도는 파도치는 바다이다. 우리의 생명은 파도와 같다. 그것은 시작되고, 어느 날 해안까지 밀려가고, 그 형상이 사라진다. 물의 양이 줄어들었기 때문인가? 그렇지 않다. 그런데 파도는 사라졌는가? 그렇다. 파도는 완전히 사라졌다. 우리가 그 파도를 좋아한다면, 그것을 그리워할 수 있고, 바다가 이제는 파도의 형상을 취하지 않는 것을 슬퍼할 수도 있다.

이는 죽음에 대한 통상적인 관점과 다르다. 통상적인 관점으로는 죽는 사람은 존재에서 떨어져 나온다. 죽어가는 이의 곁에 함께 있었던 사람은 형상의 변화와 죽음의 순간을 알아볼 수 있다는 걸 안다. 그 순간 설령 눈을 감고 있더라도 알 수 있다. 그것이 매우 강력한 순간이기 때문이다. 대단히 깊고 감동적인 경험이기에 어떤 이가 죽을 때 그 자리에 함께 있는 것은 영광이지만, 형상이 사라져도 생명은 사라지지 않는다는 걸 알면 죽음을 다르게 경험하게 된다. 그렇기 때문에 어떤 사람들은 사랑하는 이와 사별한 후에 갑자기 사랑하는 이가 어디에나 있다고 느낄 수 있다. 우리는 그것을 시적인 경험—사랑했던 사람에 대한 기억을 투사하는 인간적인 상상—이라고 여기며, 마음과 관념으로 하는 어떤 것이라고 여긴다. 하지만 거기에는 관념 너머의 실재도 있다. 죽은 이는 항상 생명이었고, 생명이 취했던 개별적인 형상은 사라졌지만, 생명 자체는 어디에나 있기 때문이다. 어떤 이가 어디에나 있다고 느끼는 것은 단지 애도하는 사람이 지어내는 낭만적인 위안이 아니다. 그것은 근본적인 실재에 닿아 있다. 형상은 변하고, 형상이 변하는 결정적인 순간이 있지만, 생명은 늘지도 않고 줄지도 않는다.

그리스도인들이 그리스도의 실재를 명상하면서 깊이 들어가면, 마침내 그리스도가 역사적 인물이 아니라는 걸 깨닫기 시작한다. 역사에 따르면 예수라는 이름을 가진 사람이 있었고 생명이 그 사람의 형상을 취했거나 아마도 신이 그 형상을 취했지만, 형상을 초월한 예수는 언제나 모든 생명이었다. 그리스도교 초기의 외경外經 [기독교의 정경(正經)에 속하지 않는 경전-편집자]인 『도마복음』에서는 예수가 이렇게 말한다. "나무를 갈라보아라, 거기에 내가 있다. 바위를 들어보아라, 거기서 나를 발견할 것이다." 그리스도교 명상가들이 그리스도의 실재가 어디에나 있음을 발견한 이야기가 많이 있다. 그중에는 자신의 몸이라는 형상에서 그리스도를 발견한 사람도 있었다. 불교인들 중에도 자신의 몸이 붓다임을 갑자기 깨달은 사람들의 이야기들이 있고, 다른 사람들의 몸과 다른 모든 것이 붓다임을 깨달은 사람들의 이야기들도 있다. 그 깨달음은 배타적이지 않고, "나는 붓다이고, 당신은 붓다가 아니다."라고 주장하지 않는다. 그런 주장은 여전히 망상이다.

'붓다'란 모든 형상을 일으키고, 모든 형상이고, 형상이 변해도 남아 있는 것을 가리킨다. 본질이고 실재이며 여여如如함이다. 나는 현란하지 않고 통상적인 말을 사용하고자 그것을 '생명'이라고 부른다. 생명은 모든 형상을 초월한다. 주위를 둘러보고 내면을 바라보고 모든 곳을 살펴보면서 (불교에서 하는 말로) 나의 불성佛性을 추구했는데, 갑자기 "내가 불성이다. 나의 모든 것이 불성이다."라고 깨달았다. 그리고 '당신'의 모든 것이 불성이고, 모든 존재가 불성이며, 존재의 없음도 불성이다. 이는 대단히 자유롭게 얽매임에서 풀어주는 발견이다! 그것을 알고, 매일매일 잊지 않고 살면 더 이상 죽음이 두렵지 않다. 죽음이 근본적인 종말을 의

아디야산티의 가장 중요한 것

미하지 않기 때문이다. 죽음 후에도 생명은 늘지 않고 줄지 않으며, 우리도 늘거나 줄지 않는다.

라마나 마하리쉬Ramana Maharshi는 암으로 죽음을 앞두고 있었을 때, 사람들이 슬퍼하자 이렇게 말했다고 한다. "어째서 당신들은 이 몸에 그리 집착하는가? 내가 어디로 갈 수 있는가? 나는 여기에 있다." 그는 이미 보편과 동일시했던 것이다. 혹은 그의 말대로 진아self만이 있다. 내가 사용하는 '생명'이라는 말은 마하리쉬가 사용한 '진아'라는 말과 같은 의미이다. "내가 어디로 갈 수 있는가?" 모든 곳이 이미 진아·생명이다. 진아가 소위 라마나 마하리쉬라는 형상을 취하기를 중단했다고 해도 진아는 존재하지 않거나 사라지지 않는다. 진아는 어디에나 모든 것 안에 여전히 완전히 현존하기 때문이다. 라마나의 형상은 변했고 죽었고 사라졌지만, 진아는 어디에나 있다. 진아는 그의 형상의 온전성, 즉 생물학·화학에 직접 연관되는 것과 더불어 생물학·화학을 초월하는 것이다. 그것은 인도에 더 많이 있고, 샌프란시스코 중부, 피츠버그, 암스테르담, 파리, 녹색 산의 꼭대기, 아름다운 불교 사원, 수세기 동안 숭배 받았던 교회에는 더 적게 있지 않다. 사물의 실재를 알게 되면, 진정한 형상인 것과 진정한 형상이 아닌 것에 대한 말다툼을 하지 않는다.

우리의 본성은 태어날 때 존재하게 되는 게 아니고, 죽을 때 존재하지 않게 되는 게 아니다. 오직 우리의 형상, 생명이 취한 형상만이 태어날 때 존재하게 되고 죽을 때 존재하지 않게 될 뿐이다. 그렇기 때문에 우리가 깨어날 때, 우리가 깨달을 때, 본질적인 의미에서 태어남도 죽음도 없음을 알게 된다. 형상은 변하지만 우리의 존재는 시작도 끝도 없다. 선불교에서 영적 수행을 하며 노력하는 진정한 이유가 태어남·삶·죽음의 '중대한 문제'의 해결점을 찾는 것이라고 말하는 것은 그런 의미이다.

나는 태어남·삶·죽음의 '중대한 문제'에 대한 해답이 있다는 걸 약속한다. 그런데 그 깨달음을 얻어도 우리는 삶과 살기, 태어남과 죽음의 어려운 문제에서 벗어나지 못한다. 그 해답이란 우리가 어떤 이의 죽음을 슬퍼하지 않을 것이라는 의미가 아니라, 그들의 존재가 사라졌다고 오해하지 않으면 그 죽음이 다르게 여겨질 것이라는 의미이다. 고인이 취했던 형상은 사라졌고, 그 형상을 사랑했던 우리가 가슴에 소중히 품었지만—그 형상을 취했던 진아, 불성, 생명을 그리워하듯이—삶은 늘지도 줄지도 않고, 불성은 늘지도 줄지도 않으며, 그리스도는 늘지도 줄지도 않는다. 태어남과 삶과 죽음을 완전히 다르게 경험하는 길이 있다. 이는 태어남과 삶과 죽음을 부정하는 게 아니라 있는 그대로 보는 것이며, 따라서 우리를 자유롭게 해준다. 깨달았든 깨닫지 못했든, 우리의 형상은 있지 않게 될 것이지만, 우리라는 실재는 생기지도 않고 사라지지도 않는다.

나는 이렇게 말함으로써 자기탐구를 권하고 싶다. 여러분은 내가 가르치는 것을 믿을 수도 있고 믿지 않을 수도 있지만—그건 여러분의 권리이므로—어떻게 하든 그리 중요하지 않다. 내 가르침을 믿는 것은 그것을 믿지 않는 것과 마찬가지로 중요하지 않다. 어떤 것을 믿는 것은 그것을 경험하는 것과 같지 않고, 어떤 것을 믿지 않는 것도 그것을 경험하는 것과 같지 않기 때문이다. 받아들임과 거부하기, 믿기와 믿지 않기의 차원에 사로잡혀 있는 한, 우리는 추상의 세계에서 살고 있다. 영적 스승들이—적어도 내가—사람들이 꿈속에서 살고 있다고 말할 때 의미하는 바가 바로 그것이다. 그러므로 믿든 안 믿든 그건 중요하지 않다.

심오하고 진정한 호기심을 가지고, 관념과 개념으로(그것들이 유용할 수도 있지만) 만들어진 세계를 넘어가겠다는 굳은 결심을 하고, 추상적인 삶을 살고 있는 상태에서 깨어나겠다는 의도를 가지라고 여러분에게 권한다. 추상적인 삶이란 마음이 좋다고 말하는 걸 좋아하고 마음이 싫다고 말하는 걸 싫어하며, 조건화된 마음이 찬성한다고 말하는 것에 찬성하고 조건화된 마음이 반대한다고 말하는 것에 반대하며, 백일몽 속에서 끝없이 맴도는 모든 것을 가리킨다. 그렇게 백일몽 속에서 사는 것에 만족하지 못하기 때문에 진정한 영적 충동이 일어날 때가 많다. 깨달음이나 깨어남이나 신을 향한 진정한 본능은 일종의 불만족에서 비롯된다. 더 이상 추상적인 삶을 살지 않으려 하고, 더 이상 슬픔의 세계에 끊임없이 기여하는 삶을 살지 않으려 하고, 자기가 믿는 것을 경험하는 대신 풍부하고 깊은 존재를 경험하려는 소망에 주목하는 것에서 비롯된다. 이것이 진정한 깨달음의 충동이다.

그것을 시작하는 법, 조건화된 세계와 상상된 에고의 자아 밑으로 뛰어들어서 우리의 본성에 이르는 법에 대해 유용한 단서를 내가 제공했기를 바란다. 왜냐하면 우리는 모두 붓다이고, 붓다만 있고, 진아만 있기 때문이다. 그리스도는 우리의 눈길이 닿는 어디에나 있다. 예수라는 사람, 그리스도가 취한 형상은 태어났고 살았고 죽었지만, 예수가 철저히 살았던 그리스도, 골수에 사무치도록 철저히 살았던 그리스도는 언제나 어디에나 있다. 그리고 그런 면에서 우리는 모두 하느님의 자녀이다. 만일 신이 바로 지금, 바로 여기가 아닌 외부 어딘가에 있다고 확신한다면, 부르짖으며 필사적으로 불안 속에서 신을 찾게 된다. 이와 달리, 호기심으로 신을 찾아보라. 경이감과 경외감을 회복하고, 내면의 고요한 자리로 들어가고, 관념적인 마음의 아래로 내려가라. 내면의 고요한 공간을 신뢰하라. 바로 그곳이 궁극적인 존재의 경전이기 때문이다.

저자에 대해

아디야샨티Adyashanti는 미국에서 태어난 영적 스승으로, 모든 존재가 깨어나도록 하는 데 헌신하고 있다. 그는 멈추어서 진실한 것을 탐구하고 알아차리며, 모든 존재의 중심에서 자유로워지라고 열린 마음으로 권한다. 쓴 책으로는 『공의 춤Emptiness Dancing』, 『깨어남에서 깨달음까지The End of Your World』, 『아디야샨티의 참된 명상True Meditation』, 『해탈의 길The Way of Liberation』, 『완전한 깨달음The impact of awakening』, 『은총에 빠지다Falling into Grace』, 『예수 부활시키기Resurrecting Jesus』가 있다.

14년 동안 선禪 스승이었던 분에게서 가르침을 펼치라는 요청을 받은 아디야샨티는 1996년부터 전통이나 이데올로기에 구애받지 않는 가르침을 펼치고 있다. 그는 "내가 가리키는 '진리'는 어떤 종교적 관점, 신앙 체계, 교리에도 한정되지 않고, 모든 사람에게 열려 있고, 모든 사람 안에 있습니다."라고 말한다.

더 많은 정보를 얻으려면 홈페이지 www.adyashanti.org를 방문하기 바란다.

아디야샨티의
가장
중요한
것

2020년 1월 22일 초판 1쇄 발행
2023년 6월 9일 초판 3쇄 발행

지은이 아디야샨티 • 옮긴이 이창엽
발행인 박상근(至弘) • 편집인 류지호 • 상무이사 김상기 • 편집이사 양동민
책임편집 김소영 • 편집 김재호, 양민호, 최호승, 하다해 • 디자인 쿠담디자인
제작 김명환 • 마케팅 김대현, 이선호 • 관리 윤정안
콘텐츠국 유권준, 정승채
펴낸 곳 불광출판사 (03169) 서울시 종로구 사직로10길 17 인왕빌딩 301호
　　　　대표전화 02) 420-3200 편집부 02) 420-3300 팩시밀리 02) 420-3400
　　　　출판등록 제300-2009-130호(1979. 10. 10.)

ISBN 978-89-7479-778-2 (03200)

값 17,000원